Cien

HISTORIAS BÍBLICAS

Libro de actividades

REPRODUCIBLE

Editorial Concordia™

3558 South Jefferson Avenue, St. Louis, MO 63118-3968 U.S.A.
1-877-450-8694 • editorial.cph.org

Título original en inglés: *One Hundred Bible Stories, Activity Book.*

Traducción al castellano: Olivia M. Kroeger.

Impreso en los Estados Unidos de América.

Editorial Concordia es una división de Concordia Publishing House.

5 6 7 8 9 10 11 12 13 14 22 21 20 19 18 17 16 15 14 13

CONTENIDO

Prefacio

Cien historias bíblicas presenta a estudiantes y familias la veracidad y hermosura de la palabra de Dios. Mediante las mismas palabras de las Sagradas Escrituras e ilustraciones distintivas, la historia de Dios y su pueblo cobra vida en cada página, envolviéndonos en la historia de la gracia de Dios revelada en Jesucristo.

Con el lanzamiento de la nuevas versiones, castellana, y bilingüe castellano-inglés, de *Cien historias bíblicas*, Editorial Concordia se complace en presentar este *Libro de actividades*, reproducible.

Cien historias bíblicas - Libro de actividades es ideal para las clases de escuela bíblica y escuela dominical, para la confirmación y programas de entre semana, para el estudio en el hogar, y para devociones familiares. Cada sesión plantea preguntas cautivantes y pertinentes para la discusión grupal en clases y reflexión individual. Las actividades fueron escritas para personas de 9 años en adelante. Padres y maestros recibirán con agrado la manera en que las dos secciones, "Reflexionando sobe la palabra de Dios" y "Trabajando con la palabra de Dios", atrapan a los estudiantes en la historia bíblica. En un mundo que se caracteriza por horarios ocupados y muy poco tiempo para leer y reflexionar sobre la palabra de Dios, *Cien historias bíblicas - Libro de actividades* ofrece un estudio interesante y un repaso continuo de narraciones claves de las Sagradas Escrituras.

Oramos para que Dios te bendiga al leer y estudiar su palabra, y que cumpla su propósito de usar las sagradas Escrituras para "instruirte y llevarte a la salvación por medio de la fe en Cristo Jesús" (2 Timoteo 3.15).

LA CREACIÓN: DEL PRIMER AL CUARTO DÍA GÉNESIS 1

1

Reflexionando sobre la palabra de Dios

1. ¿Qué palabra nos dice quién creó al mundo?
2. ¿Qué significa "en el comienzo"?
3. ¿Quién vivía antes del comienzo?
4. ¿Qué palabras cuentan lo que sucedió cada vez que Dios dice "que haya"?
5. ¿De qué manera continúa Dios creando el mundo hoy?
6. ¿Cómo le fue posible a Dios crear todas las cosas de la nada?
7. En Juan 1.1-3, el hijo de Dios es llamado "la Palabra". ¿Qué conexión existe entre "la Palabra" y "Dios dijo"? ¿Qué personas de la santa trinidad estaban activas en la obra de la creación?

Trabajando con la palabra de Dios

Sobre las líneas en blanco, escribe en qué día creó Dios lo siguiente:

1. luna ____________________
2. noche ____________________
3. tierra ____________________
4. árboles ____________________
5. cielo ____________________
6. sol ____________________
7. día ____________________
8. aguas ____________________
9. estrellas ____________________
10. planetas ____________________
11. océano ____________________
12. ríos ____________________

Completa los espacios en blanco.

1. En el comienzo Dios ____________________ el cielo y la tierra.
2. La tierra estaba ________________ y vacía.
3. Dios separó la luz de la ____________________ .
4. Dios llamó a la luz ________________ .
5. A la oscuridad la llamó ____________________ .
6. Dios llamó a la bóveda ____________________ .
7. Dios llamó a la parte seca ____________________ .
8. Cada día consistía de la noche y ____________________ .

2 LA CREACIÓN: DEL QUINTO AL SÉPTIMO DÍA GÉNESIS 1-2

Reflexionando sobre la palabra de Dios

1. ¿Cómo sabes que el creador hizo una gran cantidad de seres vivientes en el comienzo?
2. ¿Qué palabras nos muestran que Dios quería que toda la tierra estuviera llena de seres vivientes?
3. ¿A quién se refiere con "hagamos" y "nuestra" cuando Dios habló acerca de crear a las personas?
4. ¿Cuántos seres humanos creó Dios el día sexto? ¿Qué palabras nos muestran que Dios quería que ellos tuvieran hijos que con el tiempo llegarían a vivir en todo el mundo?
5. ¿Qué dos maneras utilizó Dios para decir que las personas debían gobernar sobre los demás seres?
6. ¿Cuál era la principal diferencia entre las personas y los demás seres vivientes?
7. ¿Cuáles son las palabras que nos muestran que no hubo error ni imperfección en todo lo creado por Dios?
8. ¿De qué manera demostró Dios en el séptimo día que no había nada más que el quisiera crear?
9. Luego de crear a los animales, ¿dejó que se cuidaran a sí mismos? ¿Cómo los protege y controla aún?
10. ¿De qué manera nos muestra la ilustración que había paz y felicidad entre las criaturas de Dios?
11. Relata lo que Dios creó cada día. Piensa en el plan sabio que Dios siguió día a día.

Trabajando con la palabra de Dios

Sobre las líneas en blanco, escribe en qué día creó Dios lo siguiente:

1. hombre _____	2. canarios ____
3. gatos _____	4. tortugas ____
5. ciervos _____	6. tiburones ___
7. vacas _____	8. ballenas ____
9. gusanos _____	10. gallinas____
11. sapos _____	12. osos _____
13. mujer _____	14. ratones ____
15. águilas _____	16. perros ____
17. peces _____	18. hormigas___

Completa los espacios en blanco.

1. Dios dijo: "que haya también aves que vuelen sobre la ___________".
2. Dios los bendijo y dijo: "Tengan muchos, muchos hijos; llenen ____________".
3. Las aves y los animales del agua fueron creados el ________ día.
4. Dios dijo: "Ahora hagamos al hombre a nuestra _____________ . Se parecerá a nosotros."
5. Así pues, creó Dios al hombre a su _________ .
6. Varón y ____________ los creó.
7. Dios les dijo: "Llenen el mundo y _____________".
8. El sexto día Dios creó a los animales y ___________ .
9. Todo lo que Dios había hecho estaba muy __________ .
10. Dios __________ el séptimo día y lo declaró día sagrado.

ADÁN Y EVA EN EL PARAÍSO
GÉNESIS 2

3

Reflexionando sobre la palabra de Dios

1. ¿Cuál era la diferencia entre la manera en que Dios creó a las personas y entre cómo creó a las demás criaturas?
2. ¿Cómo formó Dios a la mujer? ¿Ella también fue formada a la imagen de Dios?
3. ¿Qué motivo dio Dios para hacer a la mujer?
4. ¿Qué lugar preparó Dios como hogar para el primer matrimonio?
5. Dios reveló su gloria y majestad en su gran obra creadora. ¿Cómo demostró su poder? ¿Su sabiduría? ¿Su bondad?
6. ¿Por qué tiene Dios el derecho de ser adorado por todos los seres? ¿Por qué tiene el derecho de darles mandamientos? ¿Por qué es el deber de ellos obedecerle sólo a él?
7. ¿Inventaron las personas cosa alguna que sea tan maravillosa como tu razonamiento o tu memoria?
8. ¿Cuál es otro nombre para Edén?

Trabajando con la palabra de Dios

Completa los espacios en blanco.

1. Dios formó al hombre de la _________ .

2. Dios sopló en la nariz del hombre y le ______ vida.

3. El hombre se convirtió en un _________ viviente.

4. Dios plantó un jardín en ______________ .

5. El árbol de la vida estaba plantado en ________ del jardín.

6. Dios puso a Adán en el jardín de _________ para que trabajara en él.

7. Dios dijo: "No es bueno que el hombre esté _________".

8. Dios dijo: "Le voy a hacer __________ que sea una ayuda adecuada para él".

9. La mujer fue formada de una de las _________ de Adán.

10. El hombre dijo: "Se va a llamar ________, porque Dios la sacó del hombre".

Verdadero o falso.

1. Dios formó a la mujer del polvo de la tierra. V F
2. Dios el Señor plantó un jardín en la región de Edén. V F
3. El Señor hizo que todo árbol diera buen fruto. V F
4. Dios puso al hombre en el jardín para que lo cuidara. V F
5. Había dos árboles de los cuales el hombre y la mujer no debían comer. V F
6. Dios el Señor no quería que el hombre estuviese solo. V F
7. El Señor hizo una esposa para Adán. V F
8. Adán llamó "mujer" al nuevo ser humano. V F
9. Adán plantó un jardín en Edén. V F
10. Adán y Eva eran santos. V F

4 LA CAÍDA EN PECADO GÉNESIS 3

Reflexionando sobre la palabra de Dios

1. ¿Cómo se comunicaba Dios con Adán y Eva?
2. ¿Qué mandamiento especial les había dado Dios?
3. ¿De qué manera debían demostrar su obediencia y amor a Dios?
4. ¿Tenían la habilidad de cumplir el mandamiento de Dios?
5. Cuenta cómo se volvieron desobedientes las primeras dos personas.
6. ¿Podían Adán y Eva realmente esconderse de Dios?
7. ¿Qué entró al mundo como resultado de la desobediencia de Adán y Eva?
8. ¿De quién es la culpa de que nosotros seamos pecadores?
9. Nombra cuatro maldades que entraron al mundo por causa del pecado.

Trabajando con la palabra de Dios

Responde las siguientes preguntas:

1. ¿Quién tentó a la mujer a través de la serpiente? ____________________

2. ¿Quién tentó al hombre? _________

3. ¿Quién les dijo que no debían comer del árbol del conocimiento del bien y del mal? ____________________

4. ¿Qué iba a pasar si comían?

   ____

5. ¿Quién les dijo que no morirían?

   ____

6. ¿Quién dijo la primer mentira en el mundo? ______________________

7. ¿Como le pareció la fruta a la mujer?

   ____

8. ¿Qué pecado cometieron el hombre y la mujer? ____________________

9. ¿Por qué intentaron esconderse de Dios? ______________________

10. ¿Dónde pensaron que se podían esconder? ___________________

Encierra en un círculo la respuesta correcta para cada oración.

1. Una serpientes es una (sirviente - víbora - anguila).
2. Esta lección se tomó de la Biblia en el libro de (Éxodo - Números - Génesis).
3. Astuto significa (activo - valiente - mentiroso - sabio).
4. La serpiente habló primero con (el hombre - la mujer - la víbora - el árbol).
5. El árbol prohibido era el árbol del (vida - conocimiento).
6. El diablo intentó provocar en la mujer (la curiosidad - el orgullo - el miedo).
7. Adán tomó el fruto de (la serpiente - la mujer - el árbol - el diablo).
8. Adán y Eva se escondieron (junto a un río - en los arbustos - entre los árboles - en el pasto).
9. El pecado entró al mundo por (Dios - el hombre y la mujer - los animales).

LA PROMESA DEL SALVADOR
GÉNESIS 3

5

Reflexionando sobre la palabra de Dios

1. ¿Cuál era el castigo completo que el hombre y la mujer merecían por causa de su pecado?
2. ¿Qué castigo pronunció Dios sobre la mujer? ¿Y sobre el hombre?
3. ¿Cómo fue castigada la serpiente?
4. ¿A quién culpó Eva de su pecado? ¿A quién culpó Adán de su pecado?
5. ¿Por qué vistió Dios a Adán y Eva luego que pecaron?
6. ¿Por qué Dios no les dejó comer del árbol de la vida?
7. ¿Cuáles son las más terribles consecuencias del pecado? Encontrarás la respuesta en Romanos 6.23.
8. ¿Cómo llegaste tú a ser pecador?
9. ¿Cuáles son algunas de las cosas que Adán dejó atrás cuando perdió el paraíso?
10. Mira hacia el futuro junto con Adán. ¿Por qué aún podía tener esperanzas en el hermoso mundo de Dios?
11. Mira hacia arriba junto con Adán. ¿Qué creía Adán? ¿Qué crees tú?

Trabajando con la palabra de Dios

Contesta las preguntas con una palabra.

1. ¿A quién llamó el Señor Dios?
2. ¿Cómo dijo Adán que se sentía respecto a Dios?
3. ¿A quién culpó el hombre por su pecado?
4. ¿A quién culpó la mujer por su pecado?
5. ¿A quién castigó el Señor Dios primero?
6. ¿Quién aplastaría la cabeza del diablo?
7. ¿Quién iba a tener hijos con dolor?
8. ¿Por causa de quién fue maldita la tierra?
9. ¿Quién hizo la vestimenta para Adán y su mujer?
10. ¿Quién protegía el camino al árbol de la vida?

Subraya la respuesta correcta de cada pregunta.

1. ¿A quién culpó Adán de haberle inducido a comer de la fruta? (diablo - serpiente - a sí mismo - Dios - mujer)
2. ¿A quién culpó la mujer de inducirla al pecado? (serpiente - Adán - Dios - a sí misma)
3. ¿De quién era la culpa de que Adán pecó? (del diablo - de Eva - de Dios - de Adán)
4. ¿De quién era la culpa de que Eva pecó? (del diablo - de la serpiente - de Dios - de Eva)
5. ¿Quién sacó a Adán y a su esposa del jardín? (diablo - seres alados - Dios - animales salvajes)
6. ¿Por qué Adán y su esposa trataron de esconderse de Dios? (estaban desnudos - eran como dioses - habían pecado)
7. ¿Cómo castigó Dios a Adán, a su esposa, y a la serpiente? (los mató - los reprendió - los maldijo)
8. ¿Quiénes son pecadores? (sólo los que no creen en Dios - todos excepto los cristianos - sólo los adultos - todas las personas)
9. ¿Por causa de quién maldijo Dios la tierra? (por sí mismo - de la mujer - de Adán - de Satanás)

6 CAÍN Y ABEL
GÉNESIS 4

Reflexionando sobre la palabra de Dios

1. ¿Cuál es una de las maneras en que Caín y Abel adoraron a Dios?
2. Al principio, ¿de qué manera mostró Caín su rencor después que Dios no miró con agrado su ofrenda?
3. Contesta esta pregunta correctamente por Caín y da una razón para tu respuesta: "¿Acaso es mi obligación cuidar de mi hermano?"
4. ¿Fue una bendición o un castigo la marca que Dios puso sobre Caín? ¿Por qué?

Trabajando con la palabra de Dios

Responde cada pregunta con una palabra.

1. ¿Qué nombre le dio Adán a su esposa? ____________________
2. ¿Quién fue el primer hijo de Eva?
____
3. ¿Quién fue el segundo hijo de Eva?
____
4. ¿Qué llevó Caín como ofrenda a Dios? ____________________
5. ¿Qué llevó Abel? ______________
6. ¿A cuál de las dos ofrendas miró con agrado el Señor? ______________
7. ¿Por qué Caín fue maldecido?
____
8. ¿Quién maldijo a Caín? __________
9. ¿Qué ya no le daría sus frutos a Caín?
____
10. ¿Cómo protegió el Señor a Caín para que no lo mataran?

Subraya la palabra que completa correctamente cada frase.

1. El nombre Eva significa (maldad - siempre - madre - mujer).
2. Se prohíbe matar en el (tercero - cuarto - quinto - sexto) mandamiento.
3. Abel era un (granjero - carpintero - albañil - pastor de ovejas).
4. Caín era un (granjero - carpintero - albañil - pastor de ovejas).
5. Dios maldijo a Caín y lo convirtió en un (extranjero - nómada - mendigo - pecador).
6. Esta lección bíblica está escrita en el libro de (Éxodo - Números - Génesis - Juan).
7. Dios colocó una (mancha - úlcera - señal - enfermedad) sobre Caín.
8. Caín era (mayor - menor) que su hermano.
9. Adán era (hermano - madre - padre - tío) de Caín y Abel.
10. A Caín (se le podría - no se le podría) haber perdonado su pecado.

DE ADÁN A NOÉ
GÉNESIS 5

7

Reflexionando sobre la palabra de Dios

1. ¿Qué palabras describen que los hijos de Adán no tenían la imagen de Dios como Adán la tenía antes de su caída en pecado?
2. Cuando Adán murió, ¿qué palabras del Señor se cumplieron? Ver lección 5.
3. El tiempo de cada primer nacido es denominado una generación. ¿Cuántas generaciones había de Adán a Noé?
4. ¿Qué significa que "los hombres comenzaron a invocar el nombre del Señor"?
5. ¿Qué palabras nos dicen que Enoc amó a Dios?
6. ¿Cómo mostró Dios, en el caso de Enoc, que él daría vida eterna a aquellos que creyeran en el Salvador prometido?

Trabajando con la palabra de Dios

Responde cada pregunta con una palabra o número.

1. ¿Qué edad tenía Adán cuando nació Set? ________________________
2. ¿Hasta qué edad vivió Adán? ______
3. ¿Quién fue el primer hijo de Set?
   ____
4. ¿El nombre de quién comenzaron a invocar los hombres? ____________
5. ¿Hasta qué edad vivió Enoc? ______
6. De Adán a Noé, ¿quién fue el hombre que vivió más años? ____________
7. ¿A quién se llevó Dios al cielo sin dejarlo morir?
   ____
8. ¿Quién fue el padre de Noé?
   ____
9. ¿Cuánto tiempo vivió el padre de Noé? ____________________
10. ¿Cuántos hijos tuvo Noé?
   ____

Subraya la respuesta correcta de cada pregunta.

1. ¿Quién fue el hombre más viejo del mundo?
   (Adán - Jéred - Matusalén - Set)
2. ¿Qué edad tenía el hombre más viejo del mundo?
   (905 - 969 - 912 - 996)
3. ¿Quién era el hijo de Adán?
   (Enós - Jéred - Matusalén - Set)
4. ¿Quién subió a los cielos vivo?
   (Enós - Enoc - Adán - Set)
5. ¿Qué edad llegó a tener Adán?
   (969 - 912 - 930 - 962)
6. ¿Cuántos años vivió Adán después de haber nacido Set?
   (600 - 700 - 800 - 900)
7. ¿Desde cuándo se comenzó a invocar el nombre del Señor?
   (En tiempos de: Lámec - Adán - Set - Jéred)
8. ¿Quién fue el hijo de Noé?
   (Enós - Enoc - Sem - Lámec)
9. ¿Por qué estas antiguas personas de la Biblia llegaron a tanta edad?
   (eran saludables - tenían buenos médicos - nunca trabajaron demasiado - Dios quería que ellos enseñasen a otros)

8 EL DILUVIO GÉNESIS 6-9

Reflexionando sobre la palabra de Dios

1. ¿Qué vio el Señor cuando los hombres comenzaron a poblar la tierra?
2. ¿Qué pensaba hacer el Señor?
3. ¿En qué se diferenciaba Noé de las demás personas?
4. ¿Qué le dijo Dios a Noé?
5. ¿De qué manera demuestran las palabras "Noé siempre obedecía a Dios" que Noé creía en Dios?
6. ¿Qué personas se salvaron en el arca?
7. ¿Por qué Dios no puede alegrarse con la perversidad ni dejar que la maldad viva en él?
8. ¿Qué bendición, dada por Dios primero a Adán y Eva, fue dada nuevamente a Noé y su familia?

Trabajando con la palabra de Dios

Responde cada pregunta con una palabra o número.

1. ¿Qué le sucedía a las personas a medida que crecían en número?

   ____
2. ¿Qué dijo el Señor que haría con la gente? ______________________
3. ¿Quién encontró favor a los ojos del Señor? ______________________
4. ¿Qué le dijo el Señor a Noé que construyera? __________________
5. ¿Qué iba a destruir el Señor?

   ____
6. ¿Cuántos días y noches llovió?

   ____
7. ¿Cuántos días se quedó el agua sobre la tierra? ______________________
8. ¿Sobre qué montañas se detuvo el arca? ______________________
9. ¿Qué hizo Noé al abandonar el arca?

   ____
10. ¿Qué puso el Señor en el cielo como señal de que no enviaría otro diluvio para destruir toda la tierra?

    ____

Responde cada pregunta.

1. ¿Envió Dios un diluvio para destruir el mundo porque la gente era malvada?

   Sí No
2. ¿Llovió por 50 días y 50 noches?

   Sí No
3. ¿Estaban las montañas cubiertas de agua?

   Sí No
4. ¿Permaneció el agua sobre la tierra 200 días?

   Sí No
5. ¿Se detuvo el arca sobre las montañas de Ararat?

   Sí No
6. ¿Fueron destruidas todas las personas y todos los animales por el diluvio?

   Sí No
7. ¿Usó Dios el arco iris como una señal?

   Sí No
8. ¿Castiga Dios la maldad hoy en día?

   Sí No

LA TORRE DE BABEL
GÉNESIS 11

9

Reflexionando sobre la palabra de Dios

1. ¿Qué decidieron hacer las personas en lugar de dispersarse sobre la tierra?

2. ¿Qué pecados cometieron las personas al decir:
   a. "Vengan, vamos a construir una ciudad"?
   b. "Vamos a construir una torre que llegue hasta el cielo"?
   c. Vamos, que "nos haremos famosos"?

3. ¿Cómo y por qué confundió Dios a las personas?

4. ¿Cómo impidió la confusión de lenguas que las personas construyeran su ciudad y torre?

5. ¿Cómo quebrantaron las personas de Babel los mandamientos de Dios? ¿Cuál fue su castigo?

Trabajando con la palabra de Dios

Completa los espacios en blanco.

1. Todo el __________ hablaba el mismo idioma.

2. Los hombres salieron de _________ .

3. Encontraron una llanura y se______ a vivir allí.

4. Las personas se dijeron unas a otras: "Vamos a construir una _______ y una torre."

5. Ellos dijeron: "De este modo nos haremos ___________ ."

6. Dios dijo: "Bajemos a confundir su ______ ."

7. Así el Señor los _____________ .

8. Esta lección fue tomada del libro de _____________ .

Completa los espacios en blanco con las palabras de abajo.

1. Todo el mundo hablaba el mismo _________ .

2. Estas personas encontraron una _________ donde deseaban quedarse.

3. Querían construir una ciudad y una _________ .

4. Querían hacerse ______________.

5. El _________ estaba disgustado con los hombres.

6. El Señor castigó a los habitantes cambiándoles el ___________ .

7. El Señor los dispersó sobre la faz de la ___________ .

8. Los habitantes de Babel eran _________ .

tierra	idioma	llanura
torre	orgullosos	famosos
	Señor	

10 EL LLAMADO DE ABRAM GÉNESIS 12, 13, 15, 17

Reflexionando sobre la palabra de Dios

1. ¿Qué orden le dio el Señor a Abram, a quien más tarde llamó Abraham?
2. ¿Adónde quería Dios que fuera Abraham? ¿Qué debía dejar atrás Abraham?
3. ¿Qué triple promesa le hizo Dios junto con la orden?
4. ¿Cuál de estas promesas significa lo mismo que la promesa dada a Adán y Eva después de la caída?
5. ¿Qué palabras demuestran que Abraham creyó en Dios e hizo lo que él le ordenó?
6. ¿De qué manera adoró Abraham a Dios públicamente luego de haber llegado a Canaán?
7. ¿Cómo le respondió el Señor cuando Abraham le dijo que aún no tenía hijos?
8. ¿Por qué se necesitaba una gran fe por parte de Abraham para creer en esta promesa?
9. ¿Qué significa tener fe en Dios?

Trabajando con la palabra de Dios

Responde cada pregunta.

1. ¿Quién le pidió a Abraham que salga de su patria? ________________
2. ¿Qué personas fueron con Abraham?

   ____
3. ¿Cerca de qué ciudad acampó Lot?

   ____
4. ¿Qué promesa le hizo Dios a Abraham una noche?

   ____
5. ¿Qué edad tenía Abraham cuando Dios lo visitó en otra ocasión?

   ____
6. ¿Quién le dio fe a Abraham?

   ____
7. ¿Cómo te llamó Dios a ti y te dio fe?

   ____

Responde cada pregunta con una palabra de abajo.

1. ¿Quién era el sobrino de Abraham?

   ____
2. ¿Qué palabras nos dicen que Abraham no tenía descendientes?

   ____
3. ¿Qué palabra hace referencia a familia?

   ____
4. ¿Qué ciudad estaba llena de personas muy malas y pecadores?

   ____
5. ¿Qué palabra nos dice que Abraham tenía fe? ________________
6. ¿Qué le construyó Abraham al Señor?

   ____
7. ¿Cuál es el significado de descendencia?

   ____

parientes	Sodoma
al octavo día	sin hijos
altar	Sem
creyó	hijos
Lot	Jordán

LA PROMESA DE ISAAC
GÉNESIS 18

11

Reflexionando sobre la palabra de Dios

1. ¿De qué manera se le apareció el Señor a Abraham cuando sucedió esta historia?
2. ¿Por qué motivo especial había llegado el Señor a Abraham?
3. ¿Cómo escuchó Sara la promesa del Señor, aunque no le fue dicha directamente a ella?
4. ¿Cómo contestarías la pregunta: "Por qué se rió Sara"?
5. Nombra una promesa que Dios nos hace, que aún no se cumplió en nosotros. ¿Crees que se cumplirá? Da una razón.

Trabajando con la palabra de Dios

Responde cada pregunta.

1. ¿Quiénes eran los tres hombres que llegaron a la tienda de campaña de Abraham? ___________________ .
2. ¿Cómo mostró Abraham su amabilidad hacia ellos?_______________________ .
3. ¿Qué palabras muestran que los hombres aceptaron la invitación de Abraham? ___________________ .
4. ¿Qué alimentos tuvieron para la comida? ____________________ .
5. ¿Qué promesa le dio Dios a Abraham? ___________________ _____________________________ .
6. ¿Cómo sabes que Sara no creyó la promesa? _____________________________ .
7. ¿Por qué le costaba a Sara creer que ella tendría un hijo? _____________________________ .
8. ¿Cómo sabía el Señor que Sara se rió? ________________________ .
9. ¿Por qué Sara negó haber reído?

Completa los espacios en blanco con las palabras de abajo.

1. Abraham y Sara vivían en una _____________________________ .
2. Tres hombres ____________ a Abraham.
3. Estos hombres eran el _________ y dos ángeles.
4. Abraham ___________ a recibir a los hombres.
5. Sara usó harina para hacer el ______________ .
6. Un sirviente preparó un _________ .
7. El Señor dijo: "Tu esposa Sara tendrá un ________ ."
8. Sara _________ para sí.
9. Sara dijo una ___________ .
10. Nada es _______________ para el Señor.

corrió	hijo	rió
visitaron	tienda de campaña	
imposible	mentira	Señor
pan	becerro	

12 SODOMA Y GOMORRA
GÉNESIS 19

Reflexionando sobre la palabra de Dios

1. ¿Dónde estaba sentado Lot cuando los ángeles llegaron a verle?
2. ¿Adónde llevó Lot a los ángeles?
3. ¿Qué palabras muestran que Lot intentó cambiar de sus maldades a los hombres de Sodoma?
4. ¿Qué les hicieron los ángeles a los hombres malvados?
5. ¿Por qué visitaron los ángeles a Lot?
6. ¿A quién trataron de salvar los ángeles, además de Lot y su esposa e hijas? ¿Por qué no se salvaron?
7. ¿Qué fue destruido? ¿Quiénes fueron destruidos?
8. ¿A quién desobedeció la mujer de Lot cuando miró hacia atrás? ¿Cómo fue castigada?
9. ¿Por qué fueron destruidos los habitantes de Sodoma y Gomorra? Ver Génesis 18.20-32 y 2 Pedro 2.6.

Trabajando con la palabra de Dios

Responde cada pregunta.

1. ¿De qué manera mostró Lot amabilidad hacia los dos ángeles?

   ____
2. ¿Qué querían hacer los hombres de Sodoma con los ángeles?

   ____
3. ¿Cómo mostraron los ángeles su poder? ____________________
4. ¿Por qué fueron los ángeles a la casa de Lot? ____________________
5. ¿A quién intentó salvar Lot de la muerte? ____________________
6. ¿A qué hora del día dejaron la ciudad Lot y su familia? ______________
7. ¿Qué advertencia le dieron los ángeles a Lot y su familia?

   ____
8. ¿Cómo destruyó el Señor las dos ciudades? ____________________
9. ¿Quién miró hacia atrás a pesar de la orden de los ángeles? __________
10. ¿Cómo fue castigada?

    ____

Encierra en un círculo la respuesta correcta para cada oración.

1. (Dos - Tres - Cuatro - Cinco) ángeles visitaron a Lot.
2. Lot estaba sentado a la entrada de (Sodoma - Gomorra - Sodoma y Gomorra).
3. Los hombres de Sodoma que llegaron a la casa de Lot eran (jóvenes - viejos - jóvenes y viejos).
4. Lot llamó a los hombres de la ciudad (pecadores - amigos - yernos - extranjeros).
5. Los ángeles hirieron a los hombres con (azufre - ceguera - fuego - una vara).
6. Los yernos de Lot no tenían (tiempo - fe - coraje - amor).
7. Las dos ciudades fueron quemadas (a la mañana - a la noche - al mediodía - a la medianoche).
8. Se salvaron (tres - cuatro - cinco - seis) personas de Sodoma.

DIOS PRUEBA A ABRAHAM
Génesis 21-22

13

Reflexionando sobre la palabra de Dios

1. ¿Qué nombre le puso Abraham a su hijo?
2. ¿Cómo probó Dios a Abraham?
3. ¿Por qué la orden de Dios debió sobresaltar a Abraham? ¿Qué hizo Abraham, de todas maneras, por su fe en Dios?
4. ¿Cómo demuestra la respuesta de Abraham a Isaac su fe firme en Dios? ¿Cómo cumplió Dios, un poco después, lo que Abraham dijo y creyó? ¿Qué cordero ofreció Dios mismo como sacrificio unos 2.000 años más tarde?
5. ¿Con qué palabras le dijo el ángel del Señor a Abraham que él había pasado la prueba?
6. ¿Cuál iba a ser la bendición de Abraham, según le dijo el ángel del Señor?
7. Nombra tres maneras en las cuales el hijo de Abraham y el hijo de Dios eran similares.
8. Dios salvó al hijo de Abraham, pero ¿qué hizo con su propio hijo?

Trabajando con la palabra de Dios

Responde cada pregunta.

1. ¿A qué lugar le dijo Dios a Abraham que llevara a Isaac? ____________
2. ¿Por qué se llevaron fuego, un cuchillo y leña en el viaje?

   ____
3. ¿Cómo respondió Abraham la pregunta de Isaac? ______________
4. ¿De qué manera demostró Abraham que realmente pensaba cumplir la orden de Dios?

   ____
5. ¿Quién salvó a Isaac de la muerte?

   ____
6. ¿Qué le dijo el ángel del Señor a Abraham cuando hablaron por segunda vez? ______________
7. ¿Cómo puedes saber que Abraham tenía una fe firme? ____________
8. ¿Cuántos hijos le prometió Dios a Abraham? __________________
9. ¿En quién serán bendecidas todas las naciones de la tierra?

   ____

Encierra en un círculo la respuesta correcta Sí o No.

1. ¿Le dijo Dios a Abraham que llevara a su hijo a la tierra de Moria? Sí No
2. ¿Pasaron cuatro días antes de que vieran el lugar a la distancia? Sí No
3. ¿Llevaron los sirvientes la leña arriba del cerro Nebo? Sí No
4. ¿Llevó Isaac la leña arriba del cerro? Sí No
5. ¿Mató Abraham a su hijo? Sí No
6. ¿Es el ángel del Señor lo mismo que Jesús? Sí No
7. ¿Es un carnero una oveja macho? Sí No
8. ¿Amaba Abraham más a Dios que a Isaac? Sí No

14 ISAAC Y SU FAMILIA
GÉNESIS 27

Reflexionando sobre la palabra de Dios

1. ¿Quién era el hijo mayor de Isaac?
2. ¿Cómo sabes que Isaac quería darle la bendición a Esaú?
3. ¿Cómo intentó Rebeca detener esto?
4. ¿Cómo mintió Jacob a su padre?

Trabajando con la palabra de Dios

Responde cada pregunta.

1. ¿Qué edad tenía Isaac cuando se casó? ______________________
2. ¿Quién fue su esposa? __________
3. ¿Quiénes fueron los dos hijos de Isaac? ______________________
4. ¿A quién deseaba dar su bendición Isaac? ______________________
5. ¿Qué hizo Rebeca para que la piel de Jacob se sintiera como la piel de Esaú? ______________________
6. ¿De qué animales cocinó Rebeca una comida sabrosa? ______________
7. ¿Quién recibió la bendición? ______
8. ¿Por qué fue fácil engañar a Isaac?

____

9. ¿Qué bendición le dio Isaac a Jacob?

____

En los espacios en blanco escribe la palabra que contesta cada pregunta, de la lista de abajo.

1. ¿Quién era el hermano de Esaú?

____

2. ¿Quién era la esposa de Isaac?

____

3. ¿Qué quería Isaac que Esaú le trajera?______________________
4. ¿Cuántos cabritos usó Rebeca para preparar la carne para Isaac?

____

5. Cuando Jacob entró a la pieza de su padre, ¿quién dijo ser?__________
6. ¿La voz de quién creyó oír Isaac cuando Jacob estaba en la pieza?

____

7. ¿Las manos de quién creyó sentir Isaac cuando Jacob estaba en la pieza?

____

8. ¿Qué tuvo que decir Jacob para conseguir la bendición?

____

Esaú	Rebeca
Jacob	dos
Abraham	comida
de Esaú	mentiras
de Jacob	tres

LA ESCALERA DE JACOB
GÉNESIS 28

15

Reflexionando sobre la palabra de Dios

1. ¿Dónde había estado Esaú mientras Jacob recibía la bendición de su padre?
2. ¿Por qué lloró Esaú? ¿Qué bendición le dio Isaac?
3. ¿Qué palabras de su bendición crees que llevaron a Esaú a odiar a su hermano y querer matarlo?
4. ¿Cómo se le apareció Dios a Jacob después que él huyó?
5. ¿Con qué palabras le dio el Señor una bendición a Jacob?
6. ¿Qué tres nombres le dio Jacob al lugar donde tuvo su sueño?
7. ¿Qué voto hizo Jacob antes de irse de Betel?
8. ¿Alguna vez has sido bendecido por alguien? ¿Cuándo? ¿Dónde? ¿Cómo? ¿Por qué?

Trabajando con la palabra de Dios

Responde cada pregunta.

1. ¿Qué contestó Esaú cuando su padre preguntó quién era? ______________
2. ¿De qué manera mostró Esaú que él también quería una bendición?

   ____
3. ¿Qué parte de la bendición de Esaú le hacía siervo de Jacob?

   ____
4. ¿Qué pensaba hacer Esaú a su hermano? ______________________
5. ¿A qué lugar le dijo Rebeca a Jacob que huyera?

   ____
6. ¿Quién estaba presente también en el sueño de Jacob? ______________
7. ¿Qué nombre le dio Jacob al lugar donde soñó? ___________________
8. ¿Cuáles eran las dos partes principales de la promesa de Jacob a Dios por su protección?

   ____

Responde estas preguntas con los nombres de la lista de abajo.

1. ¿Quién dijo: "Dame también a mí tu bendición, padre mío"? __________
2. ¿Quién dijo: "A ti y a tus descendientes les daré la tierra en donde estás acostado"? __________
3. ¿Quién dijo: "Que el Dios todopoderoso te bendiga"?

   ____
4. ¿Quién dijo: "Tendrás que defenderte con tu espada"? _______________
5. ¿Quién dijo: "Aquí está la casa de Dios"? ______________________
6. ¿Quién dijo: "Quién eres tú"?

   ____
7. ¿Quién dijo: "Es la puerta del cielo"?

   ____
8. ¿Quién dijo: "Soy Esaú, tu hijo mayor"? ______________________
9. ¿Quién dijo: "Huye enseguida a Harán, a casa de mi hermano Labán"?

   ____

Dios Jacob Isaac
Rebeca Esaú Labán

16 LA FAMILIA DE JACOB
GÉNESIS 37

Reflexionando sobre la palabra de Dios

1. ¿Cuántas esposas tuvo Jacob?
2. ¿Cuántos años se quedó Jacob en Harán? ¿Qué palabras nos muestran que Dios le dio muchos regalos mientras estaba allí?
3. ¿Qué palabras nos muestran que Dios quería que Jacob retornara a Canaán?
4. ¿Por qué Jacob no debía temer el largo camino de regreso a Canaán con su familia?
5. ¿Crees que Jacob cometió un error en su amor por sus hijos? ¿Por qué o por qué no?
6. ¿Qué palabras nos muestran cómo se sentían los hermanos de José hacia él?
7. ¿Qué palabras nos muestran que el padre y los hermanos entendían el significado de los sueños de José?

Trabajando con la palabra de Dios

Responde cada pregunta.

1. ¿Por quién trabajó Jacob durante 14 años para Labán? ______________

2. ¿Cuántos años trabajó Jacob para conseguir ganado para sí mismo?

____

3. ¿Por qué volvió Jacob a Canaán con su familia? ___________________

4. ¿Cuántos hijos tenía Jacob? _______

5. ¿Quién era el hijo preferido de Jacob?

____

6. ¿Cómo demostró Jacob su gran amor por José?

7. ¿Cuántos sueños tuvo José? ______

8. ¿Qué significaban los sueños?

____

9. ¿Quién envió los sueños?

____

10. ¿Cuáles eran los nombres de los hijos de Jacob?

____

Encierra en un círculo Sí o No.

1. ¿Tenía José 12 hermanos?
   Sí No
2. ¿Cuidaba José las ovejas junto con sus hermanos?
   Sí No
3. ¿Era José pastor de ovejas?
   Sí No
4. ¿Amaba Jacob a José más que a Benjamín?
   Sí No
5. ¿Hizo José una túnica muy elegante?
   Sí No
6. ¿Dijo Jacob: "Tendremos que hacerte reverencias?"
   Sí No
7. ¿Se burló Jacob de José por sus sueños?
   Sí No

JOSÉ Y SUS HERMANOS
GÉNESIS 37

17

Reflexionando sobre la palabra de Dios

1. ¿Cómo sabes que José no fue con sus hermanos cuando ellos fueron a Siquem?
2. ¿Cómo nos muestran las palabras de Israel a José que él quería ser un padre respetuoso de Dios?
3. ¿Con qué apodo llamaban los hermanos a José? Explica por qué "poner apodos insultantes" es un pecado contra el quinto mandamiento.
4. ¿Qué planearon hacer los hermanos cuando vieron a José acercarse a ellos?
5. ¿Qué hicieron los hermanos luego de arrojar a José en un pozo? ¿Cómo demostró esto su crueldad?
6. ¿Cómo engañaron los hermanos a su padre?
7. Demuestra cómo, en esta lección, los hermanos lastimaron a José, a Jacob, y especialmente a sí mismos. ¿Qué palabras de Jacob nos dicen cuán profundamente lastimado estaba él?
8. ¿En qué se asemejaban Jesús y José? ¿En qué no se asemejaban?

Trabajando con la palabra de Dios

Responde cada pregunta.

1. ¿Dónde fueron a pastar las ovejas los hijos de Jacob? ________________
2. ¿A quién envió Jacob para ver cómo estaban los hermanos? ____________
3. ¿Qué dijeron los hermanos al ver a José a lo lejos? ________________
4. ¿Quién sugirió que tiraran a José a un pozo? ________________________
5. ¿Qué hermano sugirió vender a José?

   ____
6. ¿Quién compró a José de sus hermanos? ____________________
7. ¿Cuántas monedas de plata se pagaron por José? ______________
8. ¿Qué dos mentiras querían los hermanos que el padre creyera?

   ____
9. ¿Cómo mostró Jacob que creyó en las mentiras de los hermanos?

   ____

Completa los espacios en blanco con las palabras de abajo.

1. Los hermanos cuidaban las ovejas de su padre cerca de __________ .
2. Israel le dijo a José: "Ve y fíjate cómo están tus __________ ."
3. Los hermanos dijeron: "Vamos a ___________ ."
4. __________ quiso librar a José de sus manos.
5. Ellos le __________ a José su túnica.
6. _________ dijo: "Es mejor que vendamos a nuestro hermano".
7. Lo vendieron a los ____________ .
8. Rubén _________ su ropa cuando vio que el pozo estaba vacío.
9. Jacob dijo: "Algún animal salvaje lo hizo pedazos y se lo ___________ ."
10. Jacob no quiso ser ___________ .

Rubén	Siquem
hermanos	comió
consolado	quitaron
Judá	rasgó
ismaelitas	matarlo

18 JOSÉ SIRVE AL FARAÓN
GÉNESIS 41

Reflexionando sobre la palabra de Dios

1. ¿Por qué el faraón debió llamar a alguien más en lugar de sus magos para interpretar sus sueños?
2. ¿Cómo sabía el faraón que José podía interpretar sueños? (Ver Génesis 41.9-13.)
3. ¿Cómo mostró José su humildad cuando se presentó frente al faraón?
4. ¿Con qué palabras expresa José todo el honor y la gloria a Dios?
5. ¿Qué consejo le dio José al faraón junto con la interpretación?
6. ¿De qué manera pasó José de ser esclavo y prisionero a gobernador de Egipto? Encuentra la respuesta en las palabras de José.

Trabajando con la palabra de Dios

Responde cada pregunta con una palabra.

1. ¿Quién tuvo sueños en esta lección?

   ____

2. ¿Cuántas vacas vio salir del río el faraón? ______________________
3. ¿Qué clase de grano crecía en las espigas que el faraón vio en su sueño? ______________________
4. ¿A quién pidió el faraón primero que interpretara sus sueños?

   ____

5. Según José, ¿solamente quién podía contestar los sueños de faraón?

   ____

6. ¿Cuántos años de abundancia y escasez vendrían? ______________
7. ¿A quién eligió el faraón como alguien inteligente y sabio?

   ____

8. ¿Qué país recorrió José?__________
9. ¿Qué recogió? ______________

Subraya la palabra que completa correctamente cada oración.

1. El faraón tuvo (1 - 2 - 3 - 4) sueños.
2. El faraón era el (rey - capitán - presidente - príncipe) de Egipto.
3. Los sueños del faraón hablaban de (14 - 7 - 10 - 16) años de escasez.
4. José dijo que (él - los magos - Jacob - Dios) contestaría al faraón.
5. El faraón puso a José a cargo de (Egipto - Israel - la comida - la gente).
6. José juntó (un quinto - la mitad - todo - un sexto) del trigo durante los siete años de abundancia.

LOS VIAJES DE LOS HERMANOS DE JOSÉ GÉNESIS 42-44

19

Reflexionando sobre la palabra de Dios

1. ¿Cómo sabes que también hubo hambre en Canaán durante los años de escasez?
2. ¿Qué noticias recibió Jacob de Egipto?
3. ¿Cómo trató José a sus hermanos cuando ellos vinieron a él?
4. Según las palabras de Jacob, ¿quién solamente podía conceder misericordia?
5. ¿Por qué lloró José?
6. ¿Cómo sabes que José aún se acordaba de todos sus hermanos?
7. ¿Por qué crees que José le dio una porción mayor de bienes a Benjamín que a los otros?
8. ¿De qué manera se hubiera podido vengar fácilmente José de sus hermanos por haberle vendido? ¿Por qué no lo hizo?

Trabajando con la palabra de Dios

Responde cada pregunta.

1. ¿Dónde había suficiente trigo?

   ____

2. ¿Por qué necesitaba Jacob trigo de Egipto? ______________________

3. ¿A quiénes envió Jacob a buscar el trigo? ______________________

4. ¿A cuál de los hermanos quería ver José? ______________________

5. ¿A quién hizo atar José? _________

6. ¿Por qué el padre no quería que Benjamín fuera a Egipto?

   ____

7. ¿Qué le sucedería a Jacob si algo le pasaba a Benjamín?

   ____

Completa los espacios en blanco con palabras de la lista de abajo.

1. Había trigo en _________ .

2. Diez de los ______________ de José fueron a comprar trigo.

3. Ellos se ___________ ante José.

4. José se apartó de ellos y se puso a

   _____________________ .

5. José dio órdenes de dar _________ a sus hermanos.

6. Los hermanos de José __________ con él.

comieron	trigo
Egipto	llorar
hermanos	verdad
inclinaron	culpable

19 LOS VIAJES DE LOS HERMANOS DE JOSÉ
GÉNESIS 42-44

Responde cada pregunta con una palabra.

1. ¿Adónde les pidió Jacob a sus hijos que fueran por segunda vez?

   ____

2. ¿Cuándo quiso José que sus hermanos comieran con él?

   ____

3. ¿Cómo mostró José que amaba a Benjamín? ________________

4. ¿Quién recibió cinco medidas de trigo? _______________________

5. ¿Qué ordenó José se colocara en el saco de Benjamín, además del trigo?

   ____

Encierra en un círculo Sí o No.

1. ¿Dijo Jacob: "Me han dicho que en Egipto hay trigo"?
   Sí No
2. ¿Reconocieron sus hermanos a José?
   Sí No
3. ¿Fueron invitados a comer los hermanos de José?
   Sí No
4. ¿Comió Simeón con sus hermanos?
   Sí No
5. ¿Vivía ún Jacob en este tiempo?
   Sí No
6. ¿Recibió Benjamín cuatro veces más que sus hermanos?
   Sí No
7. ¿Se mencionó el nombre de Rubén en esta lección?
   Sí No

JOSÉ SE DA A CONOCER A SUS HERMANOS GÉNESIS 44-45

20

Reflexionando sobre la palabra de Dios

1. ¿De qué acusó el mayordomo a los hermanos?
2. ¿Cómo sabes por la respuesta de los hermanos que ellos estaban seguros de que ninguno de ellos había hecho algo malo?
3. ¿Por qué volvieron todos los hermanos a la ciudad cuando se encontró al culpable?
4. ¿Solamente a quién, dijo José, que quería conservar como esclavo? ¿Por qué?
5. ¿Cómo demuestran las palabras de Judá que su corazón había cambiado?
6. ¿Cómo puedes saber que esto era lo que esperaba José al probar a sus hermanos?
7. ¿Por qué tenían miedo los hermanos al comienzo?
8. ¿Qué hizo y dijo José para demostrar a sus hermanos que los había perdonado?
9. ¿Qué palabras nos muestran que José honraba a Dios tanto ahora como cuando estaba en problemas?
10. ¿Por qué perdonó José a sus hermanos? Leer Colosenses 3.13.

Trabajando con la palabra de Dios

Responde cada pregunta.

1. ¿Qué le ordenó José a su mayordomo? ____________________
2. ¿Qué querían los hermanos se hiciera con el que tenía la copa?

   ____

3. ¿Cómo mostraron los hermanos arrepentimiento y dolor?

   ____

4. ¿De qué manera mantuvo Judá su promesa a Jacob?

   ____

5. ¿Qué le dijo José a sus hermanos después de oír a Judá?

   ____

6. ¿Por qué los hermanos le tenían miedo a José? ________________
7. ¿Qué dijo José para probar que aún confiaba en Dios?

   ____

8. ¿Cómo quería José cuidar a su padre y hermanos?

   ____

Subraya la respuesta correcta de cada pregunta.

1. ¿Quién siguió a los hermanos cuando dejaron la ciudad? (José - el gobernador de la casa - un mayordomo - un guardia)
2. ¿Quién había tomado la copa de José? (Benjamín - Judá - Rubén - nadie)
3. ¿Quién se dio a conocer? (Jacob - José - los hermanos - Benjamín)
4. ¿Quién quería tomar el lugar de Benjamín y convertirse en esclavo? (Rubén - Simeón - Judá)
5. ¿Cómo llamó Judá a José? (rey - hermano - señor - gobernador)
6. ¿A quién besó José? (sólo a Benjamín - sólo a Rubén - sólo a Simeón - a todos los hermanos)
7. ¿Cómo mostró José que era un verdadero hijo de Dios? (lloró - alimentó - perdonó - abasteció)
8. ¿Cuál de los hermanos estaba más cerca de su corazón? (Benjamín - Rubén - Judá - Simeón)
9. ¿Cómo recompensó José el mal? (con mal - con bien)

21 JACOB Y JOSÉ SE ENCUENTRAN
GÉNESIS 46-50

Reflexionando sobre la palabra de Dios

1. ¿Por qué envió José carretas a Canaán?
2. En sus palabras de despedida a sus hermanos, ¿cómo mostró José que era un buen hermano?
3. ¿Qué dijo Jacob cuando finalmente fue convencido de que José estaba vivo?
4. ¿Por qué era mejor que Jacob fuera a Egipto a vivir con José, que José fuera a Canaán a vivir con Jacob?
5. ¿Cómo puedes saber que Jacob estaba contento y en paz luego de ver a José?
6. ¿A quién bendijo Jacob antes de morir?
7. ¿Por qué pidieron los hermanos a José que nuevamente les perdone sus pecados después que murió su padre? ¿Cuál fue la respuesta de José?
8. La respuesta de José y su acción, ¿cómo mostraron nuevamente su fe en Dios y su amor por los hermanos?
9. Lee la primer parte de Romanos 8.28. ¿Qué cosas parecían malas en la vida de José? ¿Qué cosas parecían buenas? ¿Cómo funcionaron todas las cosas juntas para bien? ¿Para quién se disponen todas las cosas para bien?

Trabajando con la palabra de Dios

Responde cada pregunta con una palabra.

1. ¿A quiénes les dio José carretas y alimentos? ____________________
2. ¿Cuántas monedas de plata le dio José a Benjamín? ______________
3. ¿A quién le dieron los hermanos las buenas noticias? ______________
4. ¿Qué era José en la tierra de Egipto? ____________________________
5. ¿Qué hizo que Jacob creyera que José estaba vivo? _________________
6. ¿A quién envió Jacob adelante a encontrarse con José? __________
7. ¿Qué clase de carro usó José para encontrarse con su padre? ____________________________
8. ¿Quiénes tenían miedo después que murió Israel? ________________
9. ¿Qué le pidieron a José? ____________________________
10. ¿Quién dispuso todo para bien? ____________________________

Completa los espacios en blanco con palabras de la lista de abajo.

1. José dio a cada uno de sus hermanos ____________________ **nueva.**
2. La plata y la ropa eran señal del __________ de José.
3. Cuando Jacob vio nuevamente a José estaba listo para__________ .
4. José fue a encontrarse con su padre en una _____________ .
5. José estableció a su __________ y a sus hermanos en Egipto.
6. Israel llamó a sus hijos y los ______________ antes de morir.
7. Después de morir Israel, los hermanos enviaron mensajeros a José y le pidieron que los ____________ .

ropa   padre   odio
multiplicó   perdonara
amor   bendijo
morir   Judá   carroza

EL NACIMIENTO DE MOISÉS
ÉXODO 1-2

22

Reflexionando sobre la palabra de Dios

1. ¿Cómo bendijo el Señor a la familia de Israel en Egipto? ¿Por qué no le gustó esto al nuevo faraón? ¿Cómo intentó "tramar algo" contra ellos?
2. ¿Cómo explicas el hecho de que cuanto "más los maltrataban, más aumentaban"? ¿A qué bendición de Dios a Abraham te hace recordar?
3. ¿Por qué quería el faraón que ahoguen a los bebés varones?
4. Piensa en dos buenas razones por las cuales la mujer levita no ahogó a su hijo. ¿Por qué no lo mantuvo en su casa por más tiempo? ¿Por qué lo colocó junto al río?
5. ¿Fue por mera casualidad que la hermana del bebé estaba allí cuando la princesa bajó a bañarse? ¿Sabía la princesa quiénes eran la niña y la madre? ¿En qué mostraron su sabiduría la madre y la hija? ¿Qué tuvo que ver Dios con su sabiduría?
6. ¿Por qué la princesa no estaba obligada a matar al niño? ¿Por qué lo conservó?
7. ¿Quién fue el abuelo de Moisés por adopción? ¿De qué manera benefició a Moisés el vivir en el palacio del rey en lugar de vivir en su casa con su familia? ¿Cómo podría haber sido perjudicial?
8. ¿Quién le dio el nombre a Moisés? En Éxodo 2.10 encontrarás su significado.

Trabajando con la palabra de Dios

Responde cada pregunta.

1. ¿De quién no sabía el rey?
2. ¿Cómo pensaba aplastar el rey a los israelitas?
3. ¿Qué ley muy cruel implementó?
4. ¿Qué madre no obedeció a esta ley?
5. ¿Qué fabricó para esconder a su hijo?
6. ¿Qué hizo la madre con el bebé después de tres meses?
7. ¿Quién bajó al río a bañarse?
8. ¿A quién llamó la hermana del bebé como nodriza?
9. ¿Por qué debía huir Moisés del faraón?

Completa los espacios en blanco con palabras de la lista de abajo.

1. El nuevo rey en Egipto no había conocido a ________ .
2. Una mujer__________ tuvo un varoncito.
3. El faraón ordenó: "Echen al río a todos los ___________________que nazcan".
4. La madre de Moisés le hizo un canastillo de _________ .
5. La ___________ del niño se quedó a cierta distancia y observó.
6. La hija del faraón vio un ________ entre los juncos.
7. La hermana del bebé preguntó: "¿Le parece a usted bien que llame a una nodriza hebrea, para que le ______ a este niño?"
8. Y la __________ fue y trajo a la madre del niño.
9. Moisés vio a un _________________ golpear a un hebreo.

José egipcio Moisés
hermana canastillo
levita muchacha junco
dé el pecho niños hebreos

23 EL LLAMADO DE MOISÉS
ÉXODO 3–4

Reflexionando sobre la palabra de Dios

1. ¿Cómo se le apareció el Señor a Moisés?
2. ¿Por qué llamó el Señor a los israelitas "mi pueblo"? ¿Por qué quería el Señor ayudar a su pueblo?
3. ¿Qué palabras nos muestran que Moisés no creía ser lo suficientemente apto para liderar al pueblo de Dios fuera de Egipto?
4. ¿Cómo le dijo Dios a Moisés que le ayudaría?
5. ¿Cuál fue la segunda excusa de Moisés?
6. ¿Qué poder le dio Dios a Moisés para superar esa excusa?
7. ¿Cómo contestó pacientemente el Señor la tercer excusa de Moisés?
8. ¿Por qué se enojó el Señor?
9. ¿Cómo lo preparó a Moisés para este trabajo el vivir en el palacio del faraón?
10. ¿Quiénes son los líderes del pueblo de Dios hoy? ¿Qué pensamos acerca de su trabajo?

Trabajando con la palabra de Dios

Responde cada pregunta con una palabra.

1. ¿Hasta qué monte llegó Moisés?

   ____

2. ¿Dónde se le apareció el ángel del Señor a Moisés? ______________
3. ¿Dónde estaba el pueblo de Dios?

   ____

4. ¿A quiénes quería enviar Dios a Moisés? ____________________
5. ¿Quién dijo que estaría con Moisés?

   ____

6. ¿En qué se convirtió el bastón de Moisés? ____________________
7. ¿Dónde metió Moisés su mano?

   ____

8. ¿En qué se convertiría el agua derramada sobre el suelo?

   ____

9. ¿Quién hablaría por Moisés?

   ____

Encierra en un círculo la palabra o frase que responde a cada pregunta.

1. ¿Dónde se encontró el ángel del Señor con Moisés? (Carmelo - Ararat - Nebo - Horeb)
2. ¿Dónde estaba sufriendo el pueblo del Señor? (Egipto - Canaán - Madián - Sinaí)
3. ¿Cuántas excusas presentó Moisés a Dios? (1 - 2 - 3 - 4)
4. ¿Qué se convirtió en una serpiente? (la mano de Moisés - el bastón de Moisés - los zapatos de Moisés - las ovejas de Moisés)
5. ¿Dónde le dijo el Señor a Moisés que metiera su mano? (en su bolsillo - en el pecho - dentro de su tapado - sobre el bastón)
6. ¿Qué enfermedad tenía la mano de Moisés? (lepra - reumatismo - sarampión - parálisis)
7. ¿De dónde debía Moisés sacar agua en Egipto? (río - manantial - lago - estanque)
8. ¿Quién podía hablar muy bien? (Aarón - Moisés - un cura - el faraón)
9. ¿Dónde se encuentra escrita esta lección en la Biblia? (Génesis - Éxodo - Números - Josué)

LA PASCUA
ÉXODO 11–12

24

Reflexionando sobre la palabra de Dios

1. ¿Cómo le dicen Moisés y Aarón al faraón que ellos fueron enviados por Dios?
2. ¿A quién consideraba el faraón más grande que Dios?
3. ¿Por qué los milagros no tenían efecto alguno sobre el corazón del faraón?
4. Enumera todas las instrucciones que el Señor le dijo a Moisés que le diera a su pueblo acerca de la Pascua.
5. ¿Qué señal impediría herir de muerte al hijo mayor de cada familia de Israel?
6. ¿Cómo debían recordar los israelitas este día en las generaciones futuras? ¿Cómo se llamaba esta fiesta?
7. ¿Cómo demostraron los israelitas que creían en el Señor?
8. ¿Quién es nuestra Pascua? ¿Cómo se convirtió en una oveja pascual para nosotros? Ver 1 Corintios 5.7.

Trabajando con la palabra de Dios

Completa los espacios en blanco.

1. Moisés y __________ hablaron con el faraón.
2. El faraón preguntó: "¿Quién es 'el __________' para que yo le obedezca"?
3. El Señor trajo nueve ________ sobre Egipto.
4. El Señor dijo: Cada uno de ustedes tomará un cordero sin ________ ."
5. "Y lo matarán al ___________ ."
6. "La sangre les servirá para que ustedes ______________ las casas donde se encuentren."
7. "Este es un día que ustedes deberán _____________________ ."
8. Los israelitas ___________ todo tal como el Señor se los había ordenado.

Subraya la palabra o frase correcta que completa cada oración.

1. (Moisés - Aarón - Israel - Dios) endureció el corazón del faraón.
2. El Señor trajo (8 - 9 - 10 - 11) plagas sobre Egipto.
3. El cordero pascual debía ser (sin defecto - con manchas - blanco - negro).
4. El cordero pascual debía matarse (a la mañana - al atardecer - al mediodía - a medianoche).
5. Los israelitas debían untar la sangre sobre (las ventanas - las puertas - los marcos de las puertas - las escaleras) de sus casas.
6. Se les ordenó a los israelitas que comieran (las mejores partes - todo - lo que querían - la mayoría) del cordero pascual.
7. Dios iba a pasar por Egipto (por la noche - por la mañana - por la tarde - al mediodía).
8. El Señor iba a herir de muerte a todos los (hijos mayores - hijos menores - niñas - niños) en Egipto.

25 LA PARTIDA DE EGIPTO ÉXODO 12–15

Reflexionando sobre la palabra de Dios

1. ¿Por qué había grandes gritos de dolor en Egipto?
2. ¿Cuándo llamó el faraón a Moisés y Aarón? ¿Por qué deseaban ahora los egipcios que los israelitas se fueran pronto?
3. Explica por qué el Señor usó una columna de nube durante el día y una columna de fuego por la noche.
4. ¿Por qué el faraón quería que los israelitas volvieran?
5. ¿Qué le dijo Moisés al pueblo?
6. ¿Qué milagro hizo Dios a través de Moisés para que los israelitas pudieran cruzar el Mar Rojo?
7. ¿Qué supones pensaron los egipcios cuando entraron al Mar Rojo persiguiendo a los israelitas? ¿De qué manera castigó el Señor finalmente al orgulloso faraón y a su ejército en el cual confiaba?
8. ¿Cómo agradecieron los israelitas a Dios por su rescate maravilloso? Ver Éxodo 15.1-21.

Trabajando con la palabra de Dios

Responde cada pregunta.

1. ¿A qué hora hirió de muerte el Señor a todos los hijos mayores de Egipto?

   ____

2. ¿En cuántas casas había por lo menos una persona muerta? ____________
3. ¿Qué les dijo el faraón a Moisés y Aarón ahora? ____________________
4. ¿Cuántos hombres abandonaron Egipto? ________________________
5. ¿Cómo protegió el Señor a su pueblo de día y de noche?______________

   ____

6. ¿Dónde alcanzó el ejército egipcio a los israelitas?
7. ¿Con qué palabras consoló Moisés a los asustados israelitas? _________
8. ¿Por qué los israelitas pudieron pasar por el Mar Rojo? _____________
9. ¿Qué sucedió con el faraón y sus hombres? ____________________

Encierra en un círculo Sí o No.

1. ¿Pasó el Señor por Egipto hiriendo de muerte al mediodía? Sí No
2. ¿Era el faraón el hijo mayor? Sí No
3. ¿Había un muerto en cada casa egipcia? Sí No
4. ¿Viajaban a pie los israelitas? Sí No
5. ¿Tenían gran fe los israelitas? Sí No
6. ¿Había una muralla de agua a cada lado de los israelitas? Sí No
7. ¿Nadó el faraón a la orilla? Sí No

DIOS DA LA LEY
ÉXODO 19–20

26

Reflexionando sobre la palabra de Dios

1. ¿Por qué murmuraron los israelitas?
2. ¿Cómo prometió alimentarlos el Señor? ¿Cómo cumplió su promesa?
3. ¿Cómo le dijo Moisés al pueblo que se preparara para encontrarse con Dios?
4. ¿Mediante qué señales le mostró Dios al pueblo que él tenía algo muy serio e importante que decirles?
5. ¿Por qué tenían miedo los israelitas? ¿Qué dijeron?
6. ¿Adónde llevó Dios a Moisés para entregarle la ley?
7. ¿Qué son los diez mandamientos?

Trabajando con la palabra de Dios

Responde cada pregunta con una palabra o dos.

1. ¿Quién hizo que los israelitas se alejaran del Mar Rojo? ___________
2. ¿Adónde fueron los israelitas después de dejar el Mar Rojo? ___________
3. ¿Quiénes murmuraron contra Moisés y Aarón? ____________________
4. ¿Qué prometió el Señor como alimento al atardecer? ___________
5. ¿Qué pájaros envió el Señor para proveerles de carne?

   ____
6. ¿Cómo denominaron los israelitas la comida de la mañana? ___________
7. ¿Por cuánto tiempo comió maná el pueblo de Israel? ______________
8. ¿Dónde acamparon los israelitas al tercer mes? ___________________
9. ¿Por cuánto tiempo quedó Moisés con Dios en el monte? ___________
10. ¿Qué fue escrito por el dedo de Dios? ________________________

Subraya la palabra o frase correcta que completa cada oración.

1. Moisés hizo que los israelitas se alejaran del Mar (Muerto - Rojo - Caspio - Negro).
2. Los israelitas entraron al (bosque - desierto - agua).
3. Los israelitas dijeron que tenían (hambre - sed - cansancio - debilidad).
4. Dios envió carne por la (mañana - mediodía - noche - tarde).
5. Dios envió el maná en la (mañana - mediodía - noche - tarde).
6. Al (primer - segundo - tercer - cuarto) mes los israelitas llegaron al desierto del Sinaí.
7. Dios quería encontrarse con el pueblo al (primer - segundo - tercer - cuarto) día.
8. Dios entregó (6 - 7 - 8 - 10) mandamientos.
9. Moisés estuvo sobre el monte (30 - 40 - 4 - 50) días y noches.
10. Los diez mandamientos están escritos en Éxodo, capítulo (10 - 20 - 30 - 40).

27 EL BECERRO DE ORO
ÉXODO 32, 34

Reflexionando sobre la palabra de Dios

1. ¿Por qué el pueblo de Israel se volvió impaciente con Moisés?
2. ¿Cómo adoraron los israelitas al falso dios que Aarón les hizo? ¿Por qué era un pecado?
3. ¿Qué le dijo Dios a Moisés cuando vio que el pueblo pecó? ¿Cómo había llamado siempre Dios a estas personas antes?
4. ¿Qué trajo consigo Moisés al bajar del monte? ¿Quién había grabado lo escrito?
5. ¿Cuándo se enojó Moisés? ¿De qué manera mostró su enojo? ¿Qué hizo con el ídolo y qué debieron hacer los israelitas?
6. ¿Con qué palabras llamó Moisés al pueblo al arrepentimiento?
7. ¿Cómo consiguió Moisés nuevamente dos tablas de piedra con los diez mandamientos escritos en ellas?

Trabajando con la palabra de Dios

Responde cada pregunta.

1. ¿A quién le pidieron los israelitas que les fabricara dioses? ____________
____
2. ¿Qué metal utilizó Aarón para hacer la imagen? ____________________
3. ¿De qué manera adoró el pueblo al ídolo? ________________________
4. ¿Qué clase de personas dijo Dios eran los israelitas? _________________
5. ¿Quién hizo las primeras dos tablas de piedra? ____________________
6. ¿Quién escribió los mandamientos sobre las segundas tablas de piedra?
____

Completa los espacios en blanco con palabras de la lista de abajo.

1. ________ pidió a los israelitas que trajeran sus aretes.
2. El pueblo ofreció ___________ al becerro de oro.
3. Dios llamó a los israelitas _______ .
4. Cuando Moisés vio los bailes y el becerro, ardió de _________ .
5. _________ quebró las tablas de piedra.
6. Moisés molió el becerro de oro hasta convertirlo en _________.
7. El _________ escribió los diez mandamientos.
8. El pueblo pecó contra el ________ mandamiento.

Señor	holocaustos	
Aarón	levita	Moisés
polvo	primer	tercos
Sinaí	enojo	

LA SERPIENTE DE BRONCE
NÚMEROS 13-14; 21

28

Reflexionando sobre la palabra de Dios

1. ¿Por qué Dios ordenó a Moisés enviar hombres a la tierra antes de que entraran los israelitas?
2. ¿Cuando volvieron, qué contaron los exploradores a Moisés? ¿Por qué creían que la nueva tierra no podía ser conquistada?
3. ¿Qué dijeron los israelitas? ¿Cómo mostraron nuevamente su falta de confianza en Dios?
4. ¿Quiénes no concordaban con los demás exploradores? ¿En quién confiaban?
5. ¿Por cuánto tiempo dijo el Señor que los israelitas quedarían en el desierto?
6. ¿Qué envió el Señor entre la gente?
7. ¿Cuántos israelitas quería el Señor que entraran a la tierra de Canaán? ¿Por qué no llegaron todos allí?
8. ¿De qué manera se asemejaba la serpiente a Cristo? Piensa en estas cosas: humillada, despreciada, puesta en un asta, levantada, observada, vivió.

Trabajando con la palabra de Dios

Responde cada pregunta con una palabra.

1. ¿Qué desierto dejaron los israelitas? ______________________
2. ¿Qué tierra quería el Señor que exploren los hombres? ___________
3. ¿Cuánto tiempo estuvieron los exploradores en la tierra? ________
4. ¿Cómo describieron los exploradores a la gente de esa tierra? __________
5. ¿Dónde deseaba haber muerto el pueblo de Israel? ______________
6. ¿Quién además de Josué quería que la gente confiara en Dios? _________
7. ¿De qué manera quería la gente matar a los dos exploradores que confiaban en Dios? ___________________
8. ¿Por cuántos años debería Israel vagar por el desierto?___________
9. ¿Qué envió el Señor entre la gente para castigarla? _______________
10. ¿Quién oró por la gente? _______

Subraya la palabra o frase correcta que responde cada pregunta.

1. ¿Después de cuántos días volvieron los exploradores de Canaán? (20 - 30 - 40 - 50)
2. ¿Qué palabras nos muestran que la tierra era una tierra buena? (langostas - leche y miel - árboles frutales - uvas)
3. ¿Cómo querían los israelitas matar a Josué y Caleb? (apedreándolos - quemándolos - colgándolos - ahogándolos)
4. ¿Quién de los israelitas mayores entraría a Canaán? (Moisés - Miriam - Josué - Aarón)
5. ¿Por cuánto tiempo vagarían los israelitas en el desierto? (10 años - 20 años - 30 años - 40 años)
6. ¿Quién envió serpientes venenosas entre las personas? (Dios - Moisés - Josué - Caleb)
7. ¿Dé qué estaba hecha la serpiente que Moisés puso en el asta? (hierro - hojalata - arcilla - bronce)
8. ¿Qué salvó a la gente de morir de mordeduras de serpiente? (la serpiente de bronce - Moisés - la cruz - la medicina)

29 ISRAEL ENTRA EN CANAÁN
DEUTERONOMIO 34; JOSUÉ 1-5

Reflexionando sobre la palabra de Dios

1. Cuando el pueblo de Israel estaba por entrar en Canaán, ¿qué le mostró el Señor a Moisés desde el monte Nebo? ¿Qué pasó entonces con Moisés? ¿Por qué nadie sabe dónde fue enterrado Moisés?
2. ¿Por qué el Señor no permitió a su siervo Moisés entrar a la tierra prometida? Ver Números 20.7-12.
3. ¿A quién eligió el Señor para liderar a Israel ahora?
4. Enumera las instrucciones que Dios dio al nuevo líder. ¿Cómo iba a prosperar?
5. Cuando la gente estaba lista para entrar al país, ¿quién fue primero? ¿Por qué era esto lo correcto?
6. ¿Cómo les fue posible a los israelitas cruzar el Jordán por tierra seca?
7. ¿Cuándo volvieron a correr las aguas del Jordán como antes?
8. ¿Por qué dejó de caer ahora el maná del cielo?
9. ¿Cuáles son algunas de las promesas que Dios te hizo a ti? ¿Cómo puedes estar seguro de que las cumplirá?

Trabajando con la palabra de Dios

Completa los espacios en blanco.

1. Moisés subió al monte __________ .
2. Nadie sabe dónde fue __________ Moisés.
3. Los israelitas lloraron a Moisés durante __________ días.
4. Dios le dijo a Josué: "Repite siempre lo que dice el libro de la ________ de Dios."
5. Josué dijo a los jefes del pueblo: "Dentro de ______ días vamos a cruzar el río Jordán."
6. Los israelitas cruzaron el río ______________ .
7. Los sacerdotes llevaban el ______________ .
8. El agua que bajaba hacia el Mar ______________ siguió corriendo hasta que se terminó.

Subraya la palabra o frase correcta que completa cada oración.

1. Moisés murió sobre el monte (Nebo - Sinaí - Carmelo - Hermón).
2. (Josué - El pueblo de Israel - El Señor - Aarón) enterró a Moisés.
3. Los israelitas lloraron a Moisés por (30 - 40 - 50 - 60) días.
4. (Caleb - Aarón - Josué - Moisés) fue elegido por Dios para guiar al pueblo de Israel a Canaán.
5. Josué dijo: "Dentro de (tres - cuatro - cinco - seis) días vamos a cruzar el río Jordán.
6. Los israelitas debieron cruzar el (Mar Salado - Jordán - Mar Rojo - Nilo) para entrar a la tierra prometida.

LA CONQUISTA DE CANAÁN
JOSUÉ 6-10

30

Reflexionando sobre la palabra de Dios

1. ¿De qué manera mostraron los israelitas su fe en el plan de Dios para conquistar a Jericó?

2. ¿Qué le pasó a Jericó?

3. ¿Mediante qué milagro hizo el Señor posible una victoria total?

4. ¿Cómo puedes saber que Dios proveyó a Israel de todo lo necesario en la tierra prometida? ¿Qué promesa de Dios a Abraham se cumplió ahora totalmente? ¿Qué promesa mayor aún no se había cumplido?

Trabajando con la palabra de Dios

Responde las preguntas.

1. ¿Qué ciudad le dijo el Señor a Josué que conquistara? ________________

2. ¿Por cuántos días debían los soldados israelitas dar una vuelta diaria alrededor de la ciudad ____________

3. ¿Cuándo debían los soldados israelitas dar siete vueltas alrededor de la ciudad? __________________

4. ¿Qué ruido debía hacer la gente el séptimo día? _________________

5. ¿Por qué les resultó fácil a los israelitas entrar a la ciudad?

____

6. ¿Por qué Josué no tenía que temer a los cinco reyes amorreos?

____

7. ¿Cómo mató el Señor a muchos de los enemigos de Israel?

____

8. ¿Con qué palabras alargó Josué el día? ________________________

Responde cada pregunta con Sí o No.

1. ¿Marcharon los soldados israelitas alrededor de la ciudad siete veces cada día. Sí No
2. ¿Caminaron los israelitas 13 veces alrededor de Jericó? Sí No
3. ¿Hicieron sonar sus trompetas los soldados israelitas? Sí No
4. ¿Tomó dos semanas conquistar Jericó? Sí No
5. ¿Se juntaron cinco reyes amorreos contra Israel? Sí No
6. ¿Dijo Josué: "Párate, sol"? Sí No
7. ¿Le dio el Señor a Israel la tierra de sus antepasados? Sí No
8. ¿Era Josué el líder de Israel? Sí No

31 GEDEÓN
JUECES 6-7

Reflexionando sobre la palabra de Dios

1. Después que el Señor misericordiosamente llevó al pueblo de Israel de regreso a Canaán, ¿qué hizo éste?
2. ¿Cómo los castigó el Señor?
3. ¿Cómo hirieron los madianitas a Israel?
4. ¿Cómo mostraron los israelitas que estaban arrepentidos de lo que habían hecho?
5. ¿Qué quería el Señor que hiciera Gedeón?
6. ¿Por qué quiso el Señor que el ejército de Israel se redujera a 300 hombres?
7. ¿Cómo notamos en las palabras de su grito de batalla que los hombres de Gedeón creían que Dios les ayudaría? ¿Cómo les mostró Dios que su fe no era en vano?
8. ¿Cómo llamaba el pueblo de Israel al Señor cuando se encontraba en problemas?

Trabajando con la palabra de Dios

Responde cada pregunta con una palabra.

1. ¿Qué hicieron los israelitas a los ojos de Dios? ____________________
2. ¿En manos de quién entregó el Señor a Israel? ____________________
3. ¿Dónde estaba Gedeón limpiando el trigo? ____________________
4. ¿Quién se le apareció a Gedeón? ____________________
5. ¿A quién envió Gedeón para juntar a la gente? ____________________
6. ¿Cuántos tenían miedo de pelear? ____________________
7. ¿Cuántos hombres utilizó el Señor para salvar a Israel? ____________
8. ¿Cuántos hombres había en cada grupo? ____________________
9. ¿Quién ganó la batalla? __________

Subraya la palabra o frase correcta que completa cada oración.

1. ¿En manos de quién entregó el Señor a Israel? (filisteos - amorreos - amonitas - madianitas)
2. ¿Qué estaba haciendo Gedeón en el lugar donde se pisa la uva? (haciendo vino - pisando uvas - pastoreando las ovejas - limpiando el trigo)
3. ¿Cuántos israelitas tenían miedo de pelear? (22.000 - 300 - 32.000 - 10.000)
4. ¿Cuántos fueron usados por Dios para vencer a los madianitas? (22.000 - 300 - 32.000 - 10.000)
5. ¿En cuántos grupos dividió Gedeón su ejército? (1 - 2 - 3 - 300 - 4)
6. ¿Cómo se habían esparcido los madianitas por el valle? (como perros - como una plaga de langostas - como moscas - como gigantes)
7. ¿En qué mano llevaban los israelitas las antorchas encendidas? (la izquierda - la derecha - ambas)
8. ¿Quién hizo que los hombres se pelearan entre sí? (Gedeón - madianitas - Israel - Dios)

SANSÓN. PRIMERA PARTE
JUECES 13-14

32

Reflexionando sobre la palabra de Dios

1. ¿Por qué el Señor entregó a Israel al poder de los filisteos? Lee la respuesta en Jueces 13.1.
2. ¿Qué mensaje le dio el ángel del Señor a la esposa de Manoa? ¿Qué debía hacer el hijo de Manoa?
3. ¿Sansón quería permiso para casarse con quién? ¿Por qué los padres de Sansón no querían que su hijo se case con una muchacha filistea? ¿Por qué el Señor permitió esta boda?
4. ¿Cómo demostró Sansón su fuerza cuando un león joven lo atacó? ¿Cómo puedes saber que no fue realmente Sansón el que mató al león?
5. ¿Qué adivinanza les contó Sansón a sus amigos? ¿Qué debió hacer la esposa de Sansón cuando los 30 hombres la amenazaron con quemar la casa de ella y su padre?
6. ¿De qué manera no cumplió el sexto mandamiento la esposa de Sansón?

Trabajando con la palabra de Dios

Responde cada pregunta en las líneas en blanco.

1. ¿En manos de quién entregó el Señor a los israelitas por 40 años? _______
2. ¿A quién se le apareció el ángel del Señor? ______________________
3. ¿Qué nombre se le dio al niño?
   ____
4. ¿Dónde encontró Sansón una esposa?
   ____
5. ¿Qué mató Sansón cerca de Timná?
   ____
6. ¿A cuántos amigos les contó Sansón una adivinanza? ______________
7. ¿Cómo se enteró la esposa de Sansón de la respuesta a la adivinanza?
   ____
8. ¿De dónde consiguió Sansón la ropa para dar a los hombres?
   ____

Completa los espacios en blanco con palabras de la lista de abajo.

1. El nombre del padre de Sansón era ___________ .
2. Sansón era un ___________ para el Señor.
3. El _____________del Señor se manifestaba en Sansón.
4. Sansón se fue a _________ .
5. Sansón hizo pedazos al león como si fuera un ____________ .
6. Treinta ___________ llegaron a la fiesta de Sansón.
7. La adivinanza de Sansón se resolvió en _________ días.
8. Sansón mató a _________ hombres y tomó sus ropas.

amigos	cabrito
Timná	treinta
nazareo	espíritu
siete	Manoa

33 SANSÓN. SEGUNDA PARTE JUECES 15-16

Reflexionando sobre la palabra de Dios

1. ¿Qué hicieron los filisteos para capturar a Sansón?
2. Cuando los filisteos gritaron contra Sansón, ¿qué crees que dijeron?
3. ¿Qué querían los filisteos que la esposa de Sansón averiguara para ellos? ¿Qué hicieron para que ella lo averiguara?
4. ¿Qué le hicieron los filisteos a Sansón?
5. ¿Por qué les fue fácil a los filisteos atar a Sansón ahora?
6. Lee las palabras que muestran que los filisteos adoraban a un falso dios.
7. ¿Quién le dio a Sansón la fuerza para destruir el templo? ¿Cuántas personas murieron en el templo? ¿Qué palabras muestran que Sansón también murió?

Trabajando con la palabra de Dios

Completa los espacios en blanco.

1. Los filisteos vinieron y __________ _ en Judá.
2. La gente de Judá ató a Sansón con dos ___________ nuevas.
3. Sansón mató a _________ hombres con la quijada de un asno.
4. Sansón amaba a ______________ , una mujer filistea.
5. Sansón dijo: "Nadie me ha ________ jamás el cabello."
6. Dalila llamó a un hombre para que le cortara las ________ trenzas de su cabellera.
7. Los filisteos le sacaron los ________ a Sansón y lo llevaron a Gaza.
8. Los filisteos ofrecieron un gran sacrificio a ___________________ .
9. Sobre el techo del templo había como __________ hombres y mujeres.
10. Sansón buscó las dos _________ centrales.

Subraya la respuesta correcta de cada pregunta.

1. ¿Dónde acamparon los filisteos? (Gaza - Judá - Rubén - Benjamín)
2. ¿Por qué los filisteos fueron a ver a los israelitas? (para pelear - para robar - para encontrar a Sansón - para inspeccionar)
3. ¿A cuántos hombres mató Sansón con la quijada de asno? (300 - 1.000 - 2.000 - 4.000)
4. ¿Cuántas monedas de plata le prometió cada uno de los jefes filisteos a Dalila? (1.100 - 1.200 - 1.300 - 1.400)
5. ¿Cuántas trenzas le cortó el hombre a la cabellera de Sansón? (2 - 5 - 17 - 7)
6. ¿Dónde pusieron a Sansón los filisteos cuando llegaron a Gaza? (calabozo - tumba - cárcel - casa - pabellón)
7. ¿Quién era el dios de los filisteos? (el Señor - Baal - Dagón - Astoret)
8. ¿Cuántas personas había sobre el techo del templo? (30.000 - 3.000 - 300 - 400)

RUT
EL LIBRO DE RUT

34

Reflexionando sobre la palabra de Dios

1. ¿Cuándo llegó a Canaán la época de hambre mencionada en esta lección? Ver Rut 1.1.
2. ¿Cuántas personas pertenecían a la familia de Elimélec?
3. ¿Con quiénes se casaron los hijos de Elimélec?
4. Luego de 10 años en la tierra de Moab, ¿quiénes de la familia de Elimélec aún vivían?
5. ¿A qué lugar quería volver Noemí? ¿Qué le contestó Rut a Noemí cuando ella le dijo a sus nueras que volvieran a sus casas? ¿Cuáles de estas palabras eran una hermosa confesión de fe?
6. Una vez que las dos mujeres se asentaron en Belén, ¿dónde fue a trabajar Rut para proveer comida para ella y Noemí?
7. ¿Quién era Booz? ¿Cómo favoreció a Rut? ¿Por qué le ayudaba? ¿La propiedad de quién compró Booz?
8. ¿Quién era el nieto de Rut? ¿Quién era su biznieto?

Trabajando con la palabra de Dios

Responde cada pregunta con una palabra.

1. ¿Qué hubo en la tierra de Israel?

   ____

2. ¿Quién llevó a su esposa y dos hijos a Moab? ______________________

3. ¿De dónde provenían las esposas de Mahlón y Quilión?

   ____

4. ¿Quién no fue a Judá con Noemí?

   ____

5. ¿A qué pueblo fueron Rut y Noemí?

   ____

6. ¿Quién poseía campos en Belén?

   ____

7. ¿Quién se casó con Booz?

   ____

8. ¿Quién era el hijo de Isaí?

   ____

9. ¿Cuál era la relación entre Rut y David? ____________________

Subraya la palabra que completa correctamente cada oración.

1. Noemí era la esposa de (Elimélec - Mahlón - Quilión - Booz).
2. Elimélec tenía (2 - 3 - 4 - 5) hijos.
3. Noemí era la (cuñada - nuera - suegra) de Rut.
4. Noemí vivió en Moab alrededor de (5 - 10 - 15 - 20) años.
5. (Rut - Orfá - Dalila - Miriam) dejó a Noemí para volver a la casa de su madre.
6. Booz vivía en (Belén - Moab - Jerusalén - Jericó).
7. (Rut - Orfá - Noemí - Booz) era el segundo marido de Rut.
8. (Obed - Booz - Isaí - Elimélec) era el padre de David.

35 EL JOVEN SAMUEL
1 SAMUEL 1-4

Reflexionando sobre la palabra de Dios

1. Lee 1 Samuel 1.10-11. ¿Por qué Ana, la esposa de Elcana, estaba “con el alma llena de amargura”?

2. ¿A quién oró?

3. ¿Qué quiso decir Ana cuando dijo “Si te dignas”? ¿Qué promesa le hizo al Señor?

4. ¿De qué manera se acordó el Señor de Ana? ¿Cómo nos muestra esto que los hijos son un don de Dios?

5. ¿Qué nombre le puso Ana al niño?

6. ¿Qué le dijo el Señor a Samuel mientras éste dormía?

____

7. ¿Contra quién peleó Israel?

____

8. ¿Qué pasó con el arca de Dios?

____

9. ¿Qué pasó con los israelitas?

____

10. ¿Qué pasó con Elí y sus dos hijos?

____

Tacha las frases que no son verdad.

1. Elcana tenía una esposa de nombre Ana.
2. Peniná era la esposa de Elcana.
3. Ana nombró a su hijo Elí.
4. Ana cumplió la promesa que le hizo al Señor.
5. Elí era un buen padre.
6. Elí era el maestro de Samuel.
7. Dios le dijo a Elí: “Tus dos hijos morirán el mismo día.”
8. Los filisteos tomaron el arca del Señor.

Trabajando con la palabra de Dios

Responde cada pregunta.

1. ¿Cuáles eran las dos esposas de Elcana? ______________________

2. ¿Por qué Ana se puso a orar al Señor?

____

3. ¿Cómo llamó Ana a su hijo?

____

4. ¿Por qué llevó Ana a Samuel al templo del Señor?

____

5. ¿De qué manera iba a castigar el Señor a Elí y sus hijos?

____

EL REY SAÚL
1 SAMUEL 8-15

36

Reflexionando sobre la palabra de Dios

1. ¿Quién fue caudillo de Israel toda su vida? Ver 1 Samuel 7.15
2. ¿Por qué le dijeron los ancianos a Samuel que querían un rey? ¿Por qué era esto un pecado?
3. ¿Por qué Samuel ordenó que se acercaran todas las tribus de Israel? Nota: Había 13 tribus en Israel, una por cada hijo de Jacob excepto José. Él fue honrado con dos tribus nombradas de acuerdo a sus dos hijos: Efraín y Manasés. Generalmente hablamos de 12 tribus porque los hijos de Leví no heredaron una provincia propia. Ellos eran los sacerdotes y como tales recibían regalos de las otras tribus.
4. ¿Cómo demostró Saúl, el nuevo rey, su humildad?
5. ¿Por qué Saúl debió ir inmediatamente a batalla? ¿Qué dos cosas posibilitaron su victoria? ¿Por qué?
6. ¿Qué le dijo Samuel a Saúl acerca del sacrificio?

Trabajando con la palabra de Dios
Responde cada pregunta con una palabra.

1. ¿Quiénes vinieron a Samuel y le pidieron un rey?

   ____

2. ¿A quién había rechazado Israel?

   ____

3. ¿Quién fue elegido como el primer rey de Israel?

   ____

4. ¿Quién se apoderó de Saúl?

   ____

5. ¿Quién ganó la batalla contra el rey Amón?

   ____

6. ¿Cuánto debió destruir Saúl de los amalecitas?

   ____

7. ¿Las instrucciones de quién dice haber seguido Saúl?

   ____

8. ¿Qué conservó Saúl además de las ovejas?

   ____

9. ¿Qué no es tan importante como la obediencia?

   ____

¿En quién piensas al leer cada una de las siguientes oraciones?

1. Todos los ancianos de Israel se acercaron a él. ________________
2. Estaba disgustado de que Israel quería un rey. ________________
3. El primer rey era el hijo de Quis.

   ____

4. Ellos gritaron: "¡Viva el rey!"

   ____

5. Él dijo: "He cumplido la orden del Señor." ________________
6. El dijo: "Más le agrada al Señor que se le obedezca, y no que se le ofrezcan sacrificios." ____________
7. Rechazó a Saúl como rey.

   ____

37 DAVID ES ELEGIDO REY
1 SAMUEL 16-17

Reflexionando sobre la palabra de Dios

1. ¿Por qué el Señor envió a Samuel a ver a Jesé? [Isaí]

2. Lee las palabras que demuestran que David fue bendecido y Saúl atormentado.

3. ¿De qué manera le dio Dios a David la oportunidad de aprender el trabajo de un rey?

4. ¿Contra quién debían pelear nuevamente Saúl y su ejército?

5. ¿Por qué, supones, tenía Goliat tantas ganas de pelear solo contra un israelita? ¿En qué confiaba el gigante? ¿En quién debía confiar Israel?

6. ¿Cómo demostró David que no tenía miedo al gigante?

Trabajando con la palabra de Dios

Escribe las respuestas a las siguientes preguntas.

1. ¿Quién fue elegido para ser el próximo rey?________________

2. ¿Cómo puedes saber que Dios estaba con David? ________________

3. ¿Para quién tocaba David el arpa? ________________________

4. ¿Quién juntó sus ejércitos contra Israel? ________________

5. ¿Quién era el campeón de los filisteos? ________________

6. ¿Quién le temía? ______________

7. ¿Cómo ayudó David a su padre? ________________________

8. ¿Cómo llamó David al gigante filisteo? ________________

9. ¿A quién le fueron dichas las palabras de David? ________________

Responde Sí o No.

1. ¿Tocó David el violín para Saúl? Sí No
2. ¿Sirvió David al rey? Sí No
3. ¿Medía Goliat unos 4 metros? Sí No
4. ¿Tenían Saúl y su ejército miedo de Goliat? Sí No
5. ¿Provocó Goliat a los israelitas durante 40 días? Sí No
6. ¿Le tenía David miedo a Goliat? Sí No
7. ¿Confiaba David en sí mismo? Sí No

DAVID Y GOLIAT
1 SAMUEL 17

38

Reflexionando sobre la palabra de Dios

1. ¿Cómo demostró David a Saúl que él no temía al gigante?
2. ¿Cuál fue la respuesta de David a las palabras de Saúl? ¿Cómo sabía David que el Señor le ayudaría? (Piensa en lo que sucedió cuando Samuel lo consagró rey.)
3. ¿Por qué David no tomó la armadura de Saúl? Describe las armas que sí llevó.
4. ¿Qué palabras de Goliat demuestran que menospreciaba a David?
5. ¿Con qué vino Goliat a David? ¿En nombre de quién se acercó David a Goliat? ¿Quién estaba mejor preparado? ¿Por qué?
6. ¿Cómo anticipó David valientemente quién ganaría? ¿Por qué Dios iba a entregar a Goliat en manos de David?
7. ¿Cómo hizo caer al piso David al gigante? ¿Cómo lo mató?
8. ¿Por qué huyeron los filisteos? ¿Por qué ahora le fue fácil a Israel ganar?
9. ¿Qué lección importante le enseñó David al ejército de Israel?

Trabajando con la palabra de Dios

Responde cada pregunta.

1. ¿Qué le dijo David a Saúl?

   ____

2. ¿Por qué Saúl creía que David no podía ganar?

   ____

3. ¿Por qué sabía David que él podía ganar? ______________________

4. ¿Cómo quería proteger Saúl a David?

   ____

5. ¿Qué cosas utilizó David como armas? ______________________

6. ¿Qué palabras de Goliat muestran que él creyó que David era poca cosa?

   ____

7. ¿Qué demostró David en sus palabras a Goliat? ______________________

8. ¿Dónde le pegó la piedra al gigante?

   ____

9. ¿Cómo se aseguró David de que el gigante muriera?

   ____

10. ¿Quién ganó la batalla? ________

Las siguientes oraciones, ¿son verdaderas o falsas?

1. Saúl ordenó a David pelear contra Goliat. V F
2. David pertenecía al ejército de Israel. V F
3. Con el Señor a su lado, no podían vencer a David. V F
4. David era un soldado del Señor. V F
5. David eligió cinco piedras perfectas. V F
6. David no llevaba un verdadero arma de guerra. V F
7. Goliat confiaba en sí mismo. V F
8. Goliat confiaba en su espada, escudo y lanza. V F
9. El Señor ganó la guerra de Israel. V F
10. El primer mandamiento nos dice que confiemos en Dios sobre todas las cosas. V F

39 PECADO Y ARREPENTIMIENTO DE DAVID
2 SAMUEL 11-12

Reflexionando sobre la palabra de Dios

1. ¿A quién atacó el ejército de David?
2. ¿Dónde debía estar David en lugar de en su casa en Jerusalén? ¿Cómo utilizó Satán el ocio de David para incitarlo al pecado?
3. ¿Quién mató realmente a Urías? ¿Por qué?
4. ¿Por qué el Señor mandó a Natán a ver a David? Lee qué le dijo Natán a David.
5. Si David realmente creía lo que dijo acerca de castigar al hombre rico, ¿a quién tendría que haber castigado? ¿Cómo fue castigado David?
6. ¿Cuáles fueron las palabras de arrepentimiento de David?
7. ¿Con qué palabras anunció Natán el perdón de Dios a David?

Trabajando con la palabra de Dios

Responde cada pregunta con una palabra.

1. ¿A quiénes destruyeron Joab y sus oficiales? ____________________
2. ¿Quién se quedó en Jerusalén? ____________________
3. ¿Cuándo paseó David por la azotea del palacio? ____________________
4. ¿La esposa de quién era Betsabé? ____________________
5. ¿A quién hizo matar David? ____________________
6. ¿A quién tomó David por esposa? ____________________
7. ¿A qué hombre envió el Señor a David? ____________________
8. ¿Quién era el hombre que tomó el cordero del hombre pobre? ____________________
9. ¿Qué hizo David contra Dios? ____________________
10. ¿Se perdonó el pecado de David? ____________________

Completa los espacios en blanco con las palabras de abajo.

David envió a ____________a pelear contra los amonitas en Rabá, mientras él se quedó en ________ . David cayó en pecado junto con Betsabé, la esposa de __________ . David quería que el esposo de Betsabé ___________ . Una vez que Urías murió, David tomó a Betsabé por ____________ . David dijo: "He _________ contra el Señor." El pecado de David fue ___________ pero su hijo ___________ .

Natán	esposa
Joab	perdonado
pecado	pecado
Jerusalén	murió
Urías	muriera

LA REBELIÓN DE ABSALÓN
2 SAMUEL 14-18

40

Reflexionando sobre la palabra de Dios

1. ¿Quién era Absalón? ¿Por qué era alabado?
2. ¿Qué quería Absalón? ¿Por qué era esto un pecado? Ver Romanos 13.9.
3. ¿Cómo robaba Absalón el corazón a los israelitas?
4. ¿Qué le dijo Absalón a su padre que quería hacer en Hebrón? ¿Qué palabras muestran que quería comenzar una rebelión? Encuentra el significado de la palabra rebelión en tu diccionario.
5. ¿Quién huyó de su hijo? ¿Quién persiguió a su padre?
6. ¿Cómo demostró el padre su amor por su hijo a pesar de la infidelidad de su hijo?

Trabajando con la palabra de Dios

Completa los espacios en blanco con la palabra correcta.

1. Absalón era alabado porque era tan __________ parecido.
2. Absalón dijo: "¡Ojalá yo fuera el ______ de este país!"
3. Absalón dijo que quería ir a Hebrón para cumplir una _____________ .
4. David debió _________ de Absalón, su hijo.
5. Absalón llegó a la ciudad de __________ .
6. David cruzó el río ____________ .
7. Joab mató a Absalón con tres ____________ .
8. Absalón fue enterrado en un gran ______________ .
9. El cuerpo de Absalón fue cubierto con un enorme montón de _______ .

Subraya la palabra o frase que completa correctamente cada oración.

1. David era el (hermano - padre - siervo - general) de Absalón.
2. Absalón dijo que quería ir a (Jerusalén - Jordán - Belén - Hebrón) para cumplir una promesa.
3. Despreciar al gobierno es un pecado contra el (tercer - cuarto - noveno - décimo) mandamiento.
4. David y su gente huyeron a través del (Nilo - Quisón - Jordán - Tigris).
5. Absalón huyó (montado en un mulo - en un caballo - en una carroza - en una carreta).
6. La cabeza de Absalón quedó trabada en las ramas de (un paraíso - un pino - una encina - un plátano).
7. Joab mató a Absalón con (2 - 3 - 4 - 5) dardos.
8. El cuerpo de Absalón fue cubierto con (tierra - piedras - agua - pasto).

41 SALOMÓN Y EL TEMPLO
1 REYES 3-8

Reflexionando sobre la palabra de Dios

1. ¿Quién era el padre de Salomón?

2. ¿Qué favor especial pidió Salomón?

3. ¿Qué le dio el Señor que era más que lo que él pidió?

4. ¿Qué debía hacer Salomón para tener una larga vida?

5. ¿Qué construyó Salomón?
6. ¿Cuánto tiempo le tomó construirlo?

7. ¿Qué pidió Salomón que hiciera el Señor por la gente de Israel?

Trabajando con la palabra de Dios

Responde correctamente cada pregunta.

1. ¿Quién se sentó en el trono de David, su padre? ____________________

2. ¿Cómo se le apareció el Señor a Salomón? ____________________

3. ¿Qué le pidió Salomón al Señor?

   ____

4. ¿Qué le dio el Señor a Salomón?

   ____

5. ¿Cuánto tiempo tomó construir el templo del Señor?

   ____

6. ¿Adónde pusieron los sacerdotes el arca del pacto? ________________

7. ¿Quién dijo la oración frente al altar del Señor? ____________________

8. ¿Qué debía hacer el Señor por aquellos que pecaron contra él?

Subraya la palabra o frase que responde correctamente la pregunta.

1. ¿Qué relación tenía Salomón con David? (padre - hijo - hermano - tío)

2. ¿Cómo se le apareció el Señor a Salomón? (en persona - a través de ángeles - en un sueño - a través de la Biblia)

3. ¿Cómo se presentó Salomón frente al Señor? (rey - sacerdote - siervo - muchacho)

4. ¿Qué pidió Salomón en oración? (honor - riquezas - sabiduría - un gran reinado)

5. ¿Dónde se colocó el arca del pacto? (en el palacio - en el Lugar Santísimo - en la corte)

6. ¿Cómo llamó Salomón a Dios en su oración? (Jehová - Dios - todopoderoso - Señor y Dios mío)

EL PROFETA ELÍAS
1 REYES 16-17

42

Reflexionando sobre la palabra de Dios

1. Acab fue el séptimo rey de Israel. ¿Qué palabras demuestran que era uno de los reyes más malvados?
2. ¿Cómo quiso el Señor llevar a Acab al arrepentimiento?
3. ¿Por qué "no lloverá, ni caerá rocío" era un castigo terrible? ¿Por cuánto tiempo duraría la maldición? ¿Qué palabras muestran que llovería nuevamente sólo por la orden de Dios?
4. ¿Cómo cuidó el Señor a su siervo Elías? ¿Por qué?
5. ¿Por qué era un milagro no sólo que le fuera enviada la comida a Elías, sino también que los cuervos se la llevaran?
6. ¿Por qué dejó Elías el arroyo Querit?
7. ¿Por qué era extraño que el Señor ordenara a una viuda alimentar a su profeta?
8. ¿Por qué era difícil conceder el pedido de agua de Elías?
9. ¿Por qué no debía temer esta viuda? ¿Cómo sabes que ella creyó?
10. ¿Cómo fue capaz Elías de resucitar al hijo de la viuda?

Trabajando con la palabra de Dios

Completa los espacios en blanco.

1. Acab era el rey de __________ .
2. Acab pecó contra Dios al adorar a __________ .
3. ________ , el profeta, habló con Acab.
4. Dios no permitió que ___________ en la tierra de Acab.
5. Elías se escondió cerca del _______ de Querit.
6. Los cuervos le llevaban a Elías ________ y carne.
7. El Señor le dijo a Elías que fuera a la ciudad de ______________ .
8. Una __________cuidó a Elías en esta ciudad.
9. Dios alimentó a la familia completa con _________ y aceite.
10. _______ nos da a todos nuestro alimento.

Tacha las frases que no son verdad.

1. Acab era rey de Israel.
2. Acab pecó contra Dios al adorar al dios Dagón.
3. Dios envió lluvia sobre la tierra.
4. El Señor ordenó a Elías que se escondiera en el arroyo Querit.
5. Los cuervos llevaban alimento en la mañana y en la noche a Elías.
6. Elías fue a la casa de una viuda en Zabulón.
7. Elías juntó leña cerca de la ciudad de Zarepta.
8. Elías le pidió a la viuda un vaso con agua.
9. El Señor le dio dinero a la viuda para que compre alimentos.
10. Elías resucitó al esposo de la viuda.

43 ELÍAS Y LOS PROFETAS DE BAAL
1 REYES 18

Reflexionando sobre la palabra de Dios

1. ¿A quién adoraba el pueblo, además de a Dios?
2. ¿Cómo puso Elías a prueba al falso dios Baal?
3. ¿Qué mostró que el falso dios Baal no tenía poder?
4. ¿Qué hizo Elías para que fuera más difícil que su altar se quemara? ¿A quién invocó?
5. ¿Cómo puedes saber que el fuego que cayó del cielo realmente era un fuego enviado por Dios?
6. ¿Cómo confesó la gente que Elías había ganado la prueba?
7. ¿Por qué la gente ahora obedecía a Elías?
8. ¿Cómo se libró Elías de los profetas paganos?

Trabajando con la palabra de Dios

¿Cuáles de las siguientes oraciones no son tomadas de la historia?

1. Elías dijo: "Si el Señor es el verdadero Dios, síganlo a él."
2. Elías dijo: "Que se nos den dos becerros."
3. Ellos clamaron al dios Dagón todo el día.
4. Él reparó el altar del Señor que estaba derrumbado.
5. Elías tomó 12 piedras y construyó un altar.
6. Cavó una zanja alrededor del altar.
7. El agua corría alrededor del altar y también llenó la zanja.
8. Que se sepa que hice todas estas cosas porque me lo has mandado.
9. ¡Respóndeme, Señor, respóndeme!
10. Entonces el fuego del Señor cayó y quemó el holocausto.

Completa los espacios en blanco con las palabras de abajo.

__________ predicó a la gente. Él dijo: "Si el ___________ es el verdadero Dios, síganlo a él y si _________ lo es, a él deberán seguirlo." Los profetas de Baal prepararon un ______________ . Elías hizo lo mismo. Entonces los profetas de Baal clamaron a Baal desde la ____________ hasta el mediodía. Pero Baal no contestó. Cuando Elías oró al Señor, fuego cayó del __________ . Quemó al becerro, la leña, las piedras, y el polvo y consumió el ________ . La gente se inclinó hasta el suelo y __________ a Dios. Pero Elías llevó a los profetas de Baal al valle _______ y los degolló.

cielo	mañana	alabó
Elías	Baal	agua
Quisón	Señor	
becerro		

EL VIÑEDO DE NABOT
1 REYES 21

44

Reflexionando sobre la palabra de Dios

1. ¿Con qué propósito, dijo Acab, que quería el viñedo de Nabot? ¿Cómo pensaba conseguirlo?
2. ¿Por qué habría sido un pecado para Nabot cambiar o vender su tierra? Ver Números 36.7.
3. ¿En qué sentido actuó el rey como un niño pequeño?
4. ¿Quién era Jezabel? ¿Qué promesa le hizo al rey?
5. ¿Cuál era su plan para conseguir el viñedo?
6. ¿Por qué podía Acab adueñarse ahora del viñedo?
7. ¿Adónde le dijo el Señor a Elías que fuera?
8. ¿Qué debía decir Elías a Acab?

Trabajando con la palabra de Dios

Responde cada pregunta.

1. ¿Dónde estaba el viñedo de Nabot?

____

2. ¿Qué quería el rey Acab?

____

3. ¿Por qué Nabot no podía vender su viñedo?

____

4. ¿Quién dijo que conseguiría el viñedo?

____

5. ¿Qué debían decir los testigos falsos contra Nabot?

____

6. ¿Cómo mataron a Nabot?

____

7. ¿A quién envió el Señor a Acab?

____

8. ¿Dónde moriría Acab?

____

9. ¿Dónde y cuándo moriría Jezabel?

____

10. ¿Qué palabras nos muestran que las palabras de Elías se cumplieron?

____

Subraya la respuesta correcta de cada pregunta.

1. ¿Qué quería Acab de Nabot? (casa - viñedo - jardín - uvas)
2. ¿La codicia es un pecado contra qué mandamiento? (séptimo - quinto - noveno - octavo)
3. ¿Cómo había conseguido Nabot su propiedad? (la compró - trabajó por ella - herencia - la robó)
4. ¿Quién era una mujer malvada? (Jezabel - Betsabé - Sara - Rut)
5. ¿A quiénes fueron enviadas las cartas? (sacerdotes - ancianos - príncipes - soldados)
6. ¿Contra qué mandamiento pecan los falsos testigos? (séptimo - quinto - noveno - octavo)
7. ¿Quién tomó la propiedad de Nabot cuando él murió? (Acab - Jezabel - Elías - Salomón)
8. ¿A quién comieron los perros? (Jezabel - Nabot - Elías - Acab)

45 ELÍAS ASCIENDE AL CIELO
2 REYES 2

Reflexionando sobre la palabra de Dios

1. ¿Cómo iba a llevar el Señor a Elías al cielo?
2. ¿Quién fue con Elías para cruzar el río Jordán? ¿Cómo lo cruzaron?
3. Elías era el maestro de Eliseo. Luego que Elías ascendiera al cielo, Eliseo sería profeta en su lugar. ¿Cómo mostró la respuesta de Eliseo a su maestro que él sabía lo necesario para tomar el lugar de Elías?
4. ¿Cómo fue llevado Elías al cielo? ¿De dónde salieron el carro y los caballos de fuego?
5. ¿Quién vio este milagro? ¿Qué gritó al verlo?
6. ¿Mediante qué milagro le mostró el Señor a Eliseo que estaba con él?
7. ¿Qué decían ahora los profetas de Jericó acerca de Eliseo? ¿Qué significaba esto? ¿Cómo lo sabían? Ver 2 Reyes 2.14-15.

Trabajando con la palabra de Dios

Responde cada pregunta con una palabra.

1. ¿Adónde quería llevar el Señor a Elías?

   ____
2. ¿Quién caminó con Elías?

   ____
3. ¿Con qué golpeó Elías el agua?

   ____
4. ¿Qué porción del espíritu de Elías pidió Eliseo?

   ____
5. ¿En qué subió Elías al cielo?

   ____
6. ¿Qué río cruzó Eliseo?

   ____

Responde cada pregunta con Sí o No.

1. ¿Era Elías un verdadero siervo de Dios? Sí No
2. ¿Se dividió el agua para Elías? Sí No
3. ¿Pidió Eliseo una doble porción del espíritu de Elías? Sí No
4. ¿Subió Elías en un torbellino al cielo? Sí No
5. ¿Gritó Eliseo: "¡Padre mío, padre mío, que has sido para Israel como un poderoso ejército!"? Sí No
6. ¿Golpeó Eliseo las aguas con su capa? Sí No
7. ¿Vivían los profetas en Betel? Sí No

NAAMÁN Y ELISEO
2 REYES 5

46

Reflexionando sobre la palabra de Dios

1. ¿Quién era Naamán?

2. ¿Qué le pasaba?

3. ¿Qué dijo la muchachita cautiva?

4. ¿Por qué llevó Naamán dinero y ropa a Samaria? ¿Cómo viajó?

5. ¿Cómo hizo Eliseo para que Naamán se humillara?

6. ¿Cómo persuadieron los sirvientes a su amo para que éste probara la cura de Eliseo? ¿Qué pasó?

7. ¿Con qué palabras admitió Naamán que el Dios de Israel le curó? ¿Cómo quería recompensar a Eliseo? ¿Por qué crees que Eliseo rechazó la recompensa?

Trabajando con la palabra de Dios

Completa los espacios en blanco.

1. ________ era jefe del ejército del rey de Siria.
2. ___________ tenía lepra.

3. Una _______________ servía a la esposa de Naamán.

4. A Naamán se le dijo que se lavara siete veces en el río _________ .

5. Naamán pensó que los ríos de ___________ eran mejores que los ríos de Israel.
6. __________ era un siervo de Eliseo.
7. Naamán le dio a Giezi ___________ monedas de plata.
8. Giezi le dijo a Eliseo: "Yo no __________ a ninguna parte."
9. Giezi se volvió un ___________ .

Tacha las frases que no son verdad.

1. Naamán era rey de Siria.
2. Una muchachita cautiva le dijo a Naamán que fuera a Samaria.
3. Naamán llevó mucho oro, plata y mudas de ropa en su viaje a Samaria.
4. Eliseo no salió a ver a Naamán cuando éste vino a Samaria para curarse.
5. Naamán se sumergió seis veces en el río Jordán.
6. Naamán se convirtió en un creyente del verdadero Dios.
7. Giezi era el sirviente de Naamán.
8. Giezi fue castigado por codiciar, mentir y engañar.

47 DIOS ENVÍA A JONÁS
JONÁS 1-3

Reflexionando sobre la palabra de Dios

1. ¿Quién era Jonás?

2. ¿Adónde envió el Señor a Jonás? ¿Por qué?

3. ¿Por qué subió Jonás a un barco?

4. ¿De quién quería escapar Jonás?

5. ¿Qué le dijo Jonás a los marineros que hicieran?

6. ¿Dónde estuvo Jonás por tres días y tres noches?

7. ¿Cómo sobrevivió Jonás?

8. ¿En qué se parecen las historias de Jonás y de Jesús?

Trabajando con la palabra de Dios

Completa los espacios en blanco con las palabras de abajo.

1. Jonás dijo: "Échenme al ________ ."

2. Un enorme ______ tragó a Jonás.

3. Jonás oró: "En mi angustia clamé a ti, _____________ ."

4. El Señor le dijo a Jonás que fuera a la ciudad de _________ .

5. Los habitantes de Nínive eran ___________ .

6. La ciudad de Nínive sería destruida en ________ días.

7. Los habitantes de Nínive proclamaron un ___________ .

8. Los habitantes de la ciudad se pusieron ________________ .

ayuno	pez	30
ropas ásperas	mar	Señor
malvados	40	Nínive

Subraya la palabra que completa correctamente cada oración.

1. Jonás era el hijo de (David - Miqueas - Amitai - Josué).
2. La gran ciudad de Nínive era (buena - malvada - nueva - pobre).
3. El Señor hizo que soplara un (viento - arco iris - barco - marinero) muy fuerte sobre el mar.
4. Cuando Jonás fue echado al mar, el mar se volvió (agitado - calmo - turbulento - profundo).
5. Dos veces le dijo el Señor a Jonás que fuera a (Jerusalén - Siria - Samaria - Nínive).
6. Le tomó (1 - 2 - 3 - 4) días llegar allí.
7. Dios tuvo (venganza - lástima - compasión - piedad) de la gente en la ciudad.

JEREMÍAS
JEREMÍAS 37-38

48

Reflexionando sobre la palabra de Dios

1. ¿Qué le dijo Jeremías al rey de Judá?

2. ¿Qué le dijeron los funcionarios al rey?

3. ¿Adónde pusieron los funcionarios a Jeremías?

4. ¿Qué esperaban le pasara?

5. ¿Qué le dijo Ebed-melec al rey?

6. ¿Cuántos hombres ayudaron a Jeremías?

7. ¿Cómo lo salvaron?

Trabajando con la palabra de Dios

Tacha las frases que no son verdad.

1. Jeremías era un profeta.

2. La palabra del Señor vino a Jeremías.

3. Jeremías debía decirle al rey: "El ejército del faraón ... ha regresado a Egipto."

4. Los amorreos volverían a atacar la ciudad.

5. Jeremías le habló al rey Ezequías.

6. Pusieron a Jeremías en un río.

7. Querían que Jeremías se muriera de hambre.

8. Veinte hombres rescataron a Jeremías.

49 LOS TRES HOMBRES EN EL HORNO DE FUEGO DANIEL 3

Reflexionando sobre la palabra de Dios

1. ¿Cómo pecó Nabucodonosor contra el primer mandamiento? ¿A quién mandó llamar para la dedicación?
2. ¿Cómo forzó el rey a la gente a cometer idolatría? ¿Con qué los amenazó castigar si le desobedecían?
3. ¿Quiénes no obedecieron la orden del rey?
4. ¿Qué les dijo el rey a los tres hombres? ¿Qué le contestaron?
5. ¿Estaban seguros los tres hombres que Dios los podía salvar? Da una razón. ¿Sabían los tres hombres si Dios quería salvarlos? Da una razón.
6. ¿Por qué se asombró Nabucodonosor al mirar dentro del horno? ¿Qué dijo?
7. ¿Quién era el cuarto hombre en el horno?
8. ¿Qué palabras nos muestran que los hombres no se habían hecho daño?
9. ¿Cómo confesó ahora el rey que el Señor era más fuerte que él?

Trabajando con la palabra de Dios

Responde cada pregunta en las líneas en blanco.

1. ¿Qué mandó hacer en oro el rey Nabucodonosor?
2. ¿Por qué dejó construir la imagen?
3. ¿Cómo debía castigarse a aquellos que no adoraran la estatua?
4. ¿Qué tres hombres no oraron a la imagen?
5. ¿En quién tenían fe de que los iba a salvar?
6. ¿Por qué el rey hizo que calentaran el horno siete veces más de lo acostumbrado?
7. ¿Qué hicieron con los tres hombres antes the echarlos al horno?
8. ¿Quién era el cuarto hombre en el horno?
9. ¿Por qué crees que entró a las llamas?

Subraya la respuesta correcta de cada pregunta.

1. ¿Quién era rey? (Naamán - Acab - Nabucodonosor - Saúl)
2. ¿Qué mandó hacer el rey? (palacio - templo - imagen - corneta)
3. ¿De qué fue hecho el falso dios? (plata - oro - bronce - hierro)
4. ¿Cuál era la señal para adorar al falso dios? (silbido - instrumentos musicales - corneta - luz)
5. ¿A qué pueblo pertenecían los tres hombres? (caldeo - sirio - judío - babilonio)
6. ¿Cuántos fueron arrojados al horno? (1 - 2 - 3 - 4)
7. ¿Cuántas veces más de lo acostumbrado mandó el rey que calentaran el horno? (7 - 6 - 2 - 9)
8. ¿Cuántas personas vio el rey en el horno? (1 - 2 - 3 - 4)
9. ¿En qué libro de la Biblia se encuentra escrita esta lección? (1 Reyes - 2 Reyes - 2 Samuel - Daniel)

DANIEL EN EL FOSO DE LOS LEONES
DANIEL 6

50

Reflexionando sobre la palabra de Dios

1. ¿Quiénes estaban celosos de Daniel? ¿Por qué lo querían sacar del camino?
2. ¿Por qué los supervisores no podían encontrar motivos para acusar a Daniel? ¿Cómo pensaban que podían atraparlo?
3. ¿Qué decreto persuadieron al rey que firmara?
4. ¿A quién oraba siempre Daniel? ¿Por qué esto era contra el decreto del rey?
5. ¿Quiénes avisaron al rey de las oraciones de Daniel?
6. ¿Cómo sabes que el rey tenía un buen concepto de Daniel? ¿Qué palabras del rey Darío muestran que Daniel debió comentarle acerca del Dios de Israel?
7. ¿Cómo dijo Daniel que Dios lo protegió?
8. ¿Cómo el deseo de matar a Daniel les trajo la muerte a los supervisores? ¿Cómo honró ahora Darío al Dios de Daniel? ¿Era buena la nueva ley de Darío?

Trabajando con la palabra de Dios

Responde cada pregunta con una palabra.

1. ¿Qué rey puso tres supervisores sobre su reino?
2. ¿Por qué los supervisores no podían encontrar faltas en Daniel?
3. ¿Por cuántos días estaba en efecto el decreto?
4. ¿Cuántas veces al día oraba Daniel?
5. ¿Dónde estaban los leones a los que se arrojó a Daniel?
6. ¿Quién salvó a Daniel de las fauces de los leones?
7. ¿Quién se alegró cuando vio que Daniel se salvó de los leones?
8. ¿A quién quería Darío que la gente ore ahora?

Subraya la palabra que completa correctamente cada oración.

1. (Nabucodonosor - David - Darío - Daniel) era el rey de la nación.
2. El rey hizo a Daniel un (gobernador - rey - príncipe - supervisor) del país.
3. Los supervisores estaban (fieles a - celosos de - amables con - afectuosos con) Daniel.
4. Nadie debía orar a ningún dios ni hombre que no fuera (Dios - el rey - Daniel - los príncipes).
5. Este decreto debía durar por (10 - 3 - 20 - 30) días.
6. El rey firmó (un decreto - un libro - una petición - un dominio).
7. Daniel oraba (10 - 3 - 20 - 30) veces al día.
8. Daniel fue arrojado a un (caverna - foso de leones - prisión - hoyo).
9. El rey dejó que arrojaran a Daniel al foso de leones porque él (odiaba a Daniel - no podía cambiar el decreto - quería complacer a los príncipes - quería que Daniel muriera).
10. (Daniel - Darío - el ángel de Dios - el rey) salvó a Daniel de los leones.

51

UN MENSAJE PARA ZACARÍAS
LUCAS 1

Reflexionando sobre la palabra de Dios

1. ¿Qué es un mensajero? ¿Por qué Juan es un mensajero de Jesús?
2. ¿Por qué fue enviado Gabriel para decirle a Zacarías acerca de un hijo?
3. ¿Qué palabras muestran que Gabriel fue enviado por Dios en respuesta a la oración de Zacarías?
4. ¿Por qué preguntó Zacarías: "Cómo puedo estar seguro de esto"?
5. ¿Por qué a veces nos resulta difícil creer lo que Dios dice?
6. ¿Quién es "el Señor" delante de quien iría Juan?
7. Nombra otras dos mujeres de la Biblia que fueron bendecidas con hijos recién cuando ya eran muy ancianas.

Trabajando con la palabra de Dios

Responde cada pregunta.

1. ¿Qué gran evento se acercaba cuando se relata esta historia?
2. ¿Qué palabras nos muestran que Zacarías e Isabel eran devotos?
3. ¿Qué palabras de la Biblia nos dicen que era una pareja muy anciana?
4. ¿Por qué esta pareja anciana no era completamente feliz?
5. ¿Dónde quemaba Zacarías incienso al Señor?
6. ¿Quién se le apareció a Zacarías cuando estaba quemando incienso al Señor?
7. ¿Qué buenas noticias le trajo un ángel a Zacarías de parte de Dios?
8. ¿Qué palabras nos muestran el gran trabajo que iba a hacer Juan?
9. ¿En qué palabras nos muestra Zacarías su duda acerca de la promesa de Dios?
10. ¿Qué le pasó a Zacarías por dudar de la promesa?

Responde correctamente cada pregunta con una de las palabras de abajo.

1. ¿Quién era la mujer de Zacarías? ______________________________
2. ¿En qué edificio estaba quemando incienso Zacarías? ______________________________
3. ¿De qué lado del altar se paró el ángel? ________________________
4. ¿Cómo debían nombrar al hijo de Zacarías? _____________________
5. ¿Cómo qué gran profeta iba a ser el niño? _______________________
6. ¿Cuál era el nombre del ángel? ______________________________
7. ¿De quién iba a ser el niño un mensajero? ___________________

Gabriel	Jesús	izquierda
derecho	templo	Elías
María	Moisés	Isabel
Juan	Miguel	

EL ANUNCIO A MARÍA
MATEO 1; LUCAS 1

52

Reflexionando sobre la palabra de Dios

1. ¿Qué palabras de la lección nos muestran que el Salvador sería verdadero hombre, nacido de una mujer? ¿Cuál sería su labor?
2. ¿Por qué María tuvo miedo del ángel al principio?
3. ¿Con qué palabras dijo María que ella era una sierva de Dios?
4. ¿Qué palabras nos muestran que Dios, no José, sería el verdadero padre de Jesús?
5. ¿Por qué era necesario que el Salvador del mundo fuera un ser humano?
6. ¿Cómo debía llamarse el Salvador, de acuerdo a las palabras del ángel? Encuentra tres otros nombres para Jesús en esta lección.

Trabajando con la palabra de Dios

Responde cada pregunta.

1. ¿A quién fue enviado Gabriel?

____

2. ¿Qué palabras usó Gabriel para saludar a María?

____

3. ¿Cuáles fueron las buenas noticias que el ángel le trajo a María?

____

4. ¿Cómo debían nombrar al niño?

____

5. ¿Con qué palabras dijo María que ella no lo puede entender todo?

____

6. ¿Con qué palabras dijo el ángel que Dios puede hacerlo todo?

____

7. ¿Cómo mostró María que ella creyó las palabras del ángel?

____

8. ¿Cómo se enteró José de la maravillosa promesa de Dios?

____

9. ¿Cómo mostró José que él creyó la promesa de Dios?

____

Une con flechas cada palabra con su correspondiente significado.

PALABRAS
- comprometida
- virgen
- favor de Dios
- se preguntaba
- reinar

SIGNIFICADO
- gobernar
- pensó acerca de
- honrada por Dios
- novia
- mujer que no ha tenido relaciones sexuales

53 EL NACIMIENTO DE JUAN EL BAUTISTA LUCAS 1

Reflexionando sobre la palabra de Dios

1. ¿Cómo se cumplió la promesa hecha por Dios a Zacarías e Isabel?
2. ¿Qué palabras nos muestran que los vecinos y primos de Isabel sabían que el niño venía de Dios?
3. Al darle el nombre a su hijo, ¿cómo mostraron los padres que ellos habían aprendido a obedecer y confiar en Dios sin preguntar?
4. Cuando nuestra sabiduría y conocimientos nos aconsejan hacer lo opuesto a lo que Dios quiere, ¿a quién debemos escuchar? ¿Por qué?
5. ¿Cómo utilizó Zacarías ahora su lengua librada, la cual una vez habló palabras de duda acerca de la promesa de Dios?
6. ¿Cómo puedes mostrar tu gratitud a Dios por haber guardado sus promesas?
7. ¿Qué profetizó Zacarías acerca de su hijo?
8. ¿Dónde estuvo Juan hasta el día en que se dio a conocer a los israelitas?

Trabajando con la palabra de Dios

Responde cada pregunta.

1. ¿Qué promesa le había hecho el ángel Gabriel a Zacarías en el templo?
2. ¿Cómo se cumplieron las palabras del ángel?
3. ¿Qué hicieron los padres ocho días después de haber nacido Juan?
4. ¿Qué día se le dio públicamente el nombre al niño?
5. ¿Cómo resolvió Zacarías la cuestión de nombrar al niño?
6. ¿Con qué propósito usó Zacarías su lengua una vez librada?

Responde cada pregunta con una de las palabras de abajo.

1. ¿Qué día fue circuncidado el niño?

   ____

2. ¿Qué nombre le querían dar al niño los vecinos?

   ____

3. ¿Qué nombre le puso la madre?

   ____

4. ¿Qué nombre le puso el padre?

   ____

5. ¿La orden de quién obedecieron los padres?

   ____

6. ¿El camino de quién prepararía este niño?

   ____

7. ¿Quién pidió una tabla para escribir?

   ____

8. ¿Adónde fue Juan antes de presentarse a los israelitas?

   ____

9. ¿Qué poder especial le dio el Espíritu Santo a Zacarías?

Zacarías	bautizar
Dios	Juan
octavo	monte
profecía	sexto
Pablo	desierto
Jesús	

EL NACIMIENTO DE JESÚS
LUCAS 2

54

Reflexionando sobre la palabra de Dios

1. Nombra tres profecías acerca de la llegada del Salvador hechas por profetas del Antiguo Testamento.
2. ¿Quién era Augusto?
3. ¿Cómo utilizó Dios al emperador Augusto para que María y José fueran al lugar donde Jesús debía nacer?
4. ¿Qué palabras sencillas nos dicen cómo el Salvador del mundo nació en Belén?
5. ¿Qué diferencia sería para nosotros si Jesús no hubiese nacido?
6. ¿Cómo sabes que Jesús nació?
7. ¿Quién nos dio al niño Jesús como un regalo de amor? Encuentra la respuesta en Juan 3.16.
8. ¿Qué les debería recordar a los cristianos el hacer regalos en Navidad?
9. ¿Por qué el nacimiento de Jesús es el más grande evento que haya sucedido?

Trabajando con la palabra de Dios

Responde cada pregunta.

1. ¿Qué gran momento de la historia del mundo se había cumplido ahora?
2. ¿Qué nueva ley hizo el emperador?
3. ¿Quién eligió este tiempo para cumplir sus promesas?
4. ¿Adónde debía ir cada persona para inscribirse?
5. ¿Cuál era el nombre de la ciudad a la cual fueron José y María?
6. ¿A qué familia pertenecían María y José?
7. ¿Qué gran alegría le sucedió a María en Belén?
8. ¿En qué envolvió María al niño?
9. ¿Dónde acostó al bebé recién nacido?
10. ¿Quién era este niño?

Subraya la palabra que completa correctamente cada oración.

1. (Augusto - Quirinio - Julio) era emperador en el tiempo del nacimiento de Jesús.
2. El emperador ordenó que todo (los romanos - los judíos - el mundo) debía registrarse.
3. (Augusto - Quirinio - Julio) era el gobernador de Siria cuando nació Jesús.
4. Todos tenían que ir a (Roma - Belén - su propio pueblo) para ser inscriptos.
5. José y María eran descendientes del rey (David - Saúl - Acab).
6. (Jerusalén - Nazaret - Belén) era la ciudad de David.
7. Jesús nació en (un palacio - un mesón - un establo - un granero).
8. María acostó a su bebé (en una cuna - en el suelo - en un establo).
9. María y José llegaron de (Siria - Jerusalén - Nazaret) para inscribirse.
10. (David - José - Dios) era el verdadero padre del niño Jesús.

55 LOS ÁNGELES ANUNCIAN EL NACIMIENTO DEL SALVADOR LUCAS 2

Reflexionando sobre la palabra de Dios

1. ¿Cómo anunció Dios el nacimiento de Jesús?
2. ¿Cómo mostró Dios que él quería que la buena noticia del nacimiento de su hijo se conociera entre la gente común y ordinaria?
3. ¿Qué había de bueno en las noticias que trajo el ángel?
4. ¿Qué palabras muestran que la buena noticia era para todos los habitantes del mundo?
5. ¿Qué canto de alabanza cantaron los ángeles a Dios por su bondad?
6. ¿Cuál es la paz que Jesús traería?
7. ¿Qué hicieron los pastores después de ver y oír a los ángeles?
8. ¿Qué palabras muestran que María, la madre de Jesús, recordaba todos estos acontecimientos?
9. ¿Quién te contó a ti la buena noticia de cómo Jesús nació por ti? ¿Cómo puedes mostrar tu gratitud por haber oído estas cosas maravillosas?

Trabajando con la palabra de Dios

Contesta en pocas palabras las siguientes preguntas.

1. ¿Dónde estaban los pastores?
2. ¿Cuándo apareció el ángel?
3. ¿Qué brilló alrededor de los pastores?
4. ¿Quién había nacido este día?
5. ¿De dónde vinieron los ángeles?
6. ¿Cómo sabes que los pastores creyeron al ángel?
7. ¿Dónde encontraron los pastores al niño?
8. ¿Qué hicieron los pastores luego de ver a Jesús?
9. ¿Cómo se acordaba y pensaba en estas cosas María?

Completa los espacios en blanco con las palabras de abajo.

1. Había pastores en el ____________ cerca de Belén.
2. Cuidaban sus ___________ durante la noche.
3. Cuando el ángel apareció, los pastores tuvieron ___________ .
4. Pero el ángel dijo: "No tengan miedo, porque les traigo una buena __________ ."
5. El ángel llamó al recién nacido un ____________ .
6. Muchos otros __________ del cielo aparecieron y cantaron un canto de alabanza.
7. Los pastores encontraron al niño acostado en un ___________ .
8. Los pastores esparcieron la buena _________ acerca de Jesús.
9. María _____________ todas estas cosas en su corazón.
10. Se podría llamar a los pastores los primeros ______________ .

misioneros	guardaba
palabra	establo
ángeles	campo
Salvador	noticia
ovejas	José
Belén	mucho miedo

LA PRESENTACIÓN DE JESÚS
LUCAS 2

56

Reflexionando sobre la palabra de Dios

1. ¿De qué manera los padres de Jesús cumplieron la ley de Moisés cuando él tenía ocho días de edad? ¿Qué ley obedecieron cuando tenía 40 días de edad?
2. ¿Qué nombre le fue dado al Salvador al tiempo de su circuncisión? ¿Cuál es el significado de ese nombre?
3. ¿A quién se refiere Simeón cuando menciona la "salvación"? ¿Cómo es Jesús tu salvación?
4. ¿Por qué Simeón estaba listo para morir después de haber visto a Jesús? ¿Por qué tú también puedes morir sin miedo, tal como Simeón?

Trabajando con la palabra de Dios

Responde cada pregunta.

1. ¿Qué ley de Dios se cumplió en Jesús a sus ocho días de edad?
2. ¿Cuánto tiempo esperó María antes de llevar a Jesús al templo?
3. ¿Dónde fueron los padres de Jesús para presentarlo al Señor?
4. ¿Quién esperaba la llegada del Salvador en Jerusalén?
5. ¿Qué palabras muestran que era un hombre devoto?
6. ¿Qué promesa especial le fue dada por el Espíritu Santo?
7. ¿Por qué se encontraba Simeón en el templo ese día?
8. ¿Con qué palabras dijo Simeón que el Señor había cumplido con su promesa?
9. ¿Qué palabras de Simeón dicen que Jesús es el Salvador de todas las personas?
10. ¿Quiénes se admiraban de las palabras de Simeón?

Subraya la palabra o frase correcta que completa cada oración.

1. Jesús (nació - fue circuncidado - fue prometido) al octavo día de su nacimiento.
2. Jesús fue presentado en el templo (en Nazaret - en Jerusalén - en Belén).
3. Jesús fue presentado ante el Señor (cuarenta - treinta - veinte) días después de su nacimiento.
4. José y María llevaron a Jesús a (Belén - Nazaret - Jerusalén) cuando tenía 40 días de edad.
5. Simeón vivía en (Jerusalén - Galilea - Belén - Hebrón).
6. El Espíritu Santo le dijo a Simeón que antes de morir él (se volvería muy anciano - predicaría en el templo - vería al Salvador).
7. Simeón era (anciano - justo y piadoso - un hombre muy triste).
8. Simeón dijo que Jesús era (un gran rey - un creyente - salvación).

57 LOS SABIOS DEL ORIENTE
MATEO 2

Reflexionando sobre la palabra de Dios

1. ¿Quiénes eran las personas de Oriente que llegaron para ver a Jesús?
2. ¿Por qué los sabios buscaron a Jesús en ese tiempo?
3. ¿Qué los llevó de su tierra a la tierra de Judá? ¿Por qué necesitaban una estrella para guiarlos?
4. ¿Cómo descubrieron los jefes de los sacerdotes y los maestros de la ley del tiempo de Jesús dónde debía nacer el Salvador? Lee Miqueas 5.2 en tu Biblia.
5. ¿Quién les dijo a los sabios: "Vayan allá, y averigüen todo lo que puedan acerca de ese niño"?
6. ¿Por qué Herodes dijo a los sabios que le dejaran saber dónde se encontraba el niño? ¿Por qué les advirtió Dios a los sabios que no dijeran a Herodes dónde se hallaba Jesús?

Trabajando con la palabra de Dios

Responde cada pregunta.

1. ¿Quiénes vinieron de Oriente a visitar a Jesús?
2. ¿Cómo se les llama también a los sabios?
3. ¿Por qué deseaban ver a Jesús?
4. ¿Por qué se inquietó Herodes con las palabras de los sabios?
5. ¿Por quiénes se enteró Herodes donde nacería Jesús?
6. ¿Qué respuesta le dieron a Herodes cuando preguntó el lugar de nacimiento de Jesús?
7. ¿Cómo encontraron los sabios el lugar donde vivía Jesús?
8. ¿Cómo mostraron los sabios que ellos creían que Jesús era Dios?
9. ¿Con qué regalos demostraron su amor por el Salvador?
10. ¿Cómo evitó Dios que los sabios volvieran a Herodes?

Responde cada pregunta con las palabras de abajo.

1. ¿De dónde llegaron los sabios?
2. ¿En qué ciudad buscaron información?
3. ¿Cómo llamaron los sabios a Jesús?
4. ¿Quién se inquietó por la pregunta de los sabios?
5. ¿Qué guió a los sabios de Oriente?
6. ¿A quién encontraron los sabios con el niño?
7. ¿Cómo advirtió Dios a los magos de que no vieran a Herodes?

María
rey de los judíos
áloe
Persia
por un ángel
estrella

Nazaret
Herodes
Oriente
Jerusalén
en sueños

LA HUIDA A EGIPTO
MATEO 2

58

Reflexionando sobre la palabra de Dios

1. Jeremías profetizó "la matanza de inocentes" que se llevó a cabo en este tiempo. ¿En qué sentido eran inocentes los niños de Belén?

2. ¿Cómo pudo ser de utilidad en ese momento uno de los regalos que trajeron los sabios a Jesús?

3. ¿Por qué los hijos de Dios deberían estar contentos de saber que los ángeles siempre están cerca de ellos? ¿Cómo usó Dios a los ángeles en esta historia?

4. ¿Qué significa para ti saber que Dios cumplió todas sus promesas y profecías en Jesús?

5. ¿Cómo defendió Dios a Jesús de todo peligro y lo guardó y protegió contra todo mal? ¿Cómo hace Dios lo mismo por ti diariamente?

6. ¿Cuántos otros personajes bíblicos puedes nombrar que hayan vivido en Egipto? ¿Quién guió a los antepasados de Jesús fuera de Egipto?

Trabajando con la palabra de Dios

Completa los espacios en blanco.

1. El ángel del Señor se le apareció en sueños a _______ .

2. Dios quería que Jesús huyera a __________ .

3. Herodes buscaba al pequeño niño para ____________ .

4. José viajó con el niño y la madre durante la __________ .

5. Herodes mató a los niños de __________ años para abajo.

6. Un ángel del Señor se le apareció en sueños a José en ____________ .

7. A José se le ordenó tomar a María y a Jesús y volver a __________ .

8. Ellos regresaron y vivieron en un pueblo llamado ____________ .

59 EL NIÑO JESÚS EN EL TEMPLO
LUCAS 2

Reflexionando sobre la palabra de Dios

1. Cuando Jesús tenía 12 años, ¿adónde lo llevaron sus padres?
2. ¿Qué palabras nos dicen que los padres de Jesús eran adoradores fieles en el templo?
3. ¿Dónde dijo Jesús que estuvo mientras sus padres lo buscaron?
4. Lee Colosenses 2.3. ¿Cómo sabían los maestros de la ley que estas palabras eran verdad?
5. ¿Por qué estudiaba Jesús las Escrituras si bien “todas las riquezas de la sabiduría y del conocimiento” se encuentran en él?
6. ¿Qué palabras nos muestran que María y José estaban muy preocupados al pensar que podían perder a Jesús?
7. ¿Qué razón dio Jesús por haberse quedado atrás en Jerusalén?
8. ¿Qué te fue ofrecido a ti para ayudarte a estudiar y conocer las Escrituras? Nombra personas y cosas que te ayudaron.
9. Dos mandamientos de Dios fueron claramente obedecidos por Jesús en esta lección. ¿Cuáles son? ¿Cómo los obedeció Jesús? ¿Cómo puedes seguir su ejemplo?

Trabajando con la palabra de Dios
Responde cada pregunta.

1. ¿De qué fiesta participaban los padres de Jesús todos los años?
2. ¿Dónde se hacía esta fiesta?
3. ¿Por qué no se preocuparon los padres por la ausencia de Jesús en el viaje de regreso?
4. ¿Por cuánto tiempo buscaron José y María a Jesús antes de encontrarlo?
5. ¿Dónde estuvo Jesús durante todo ese tiempo?
6. ¿Qué era lo que asombraba de Jesús a todos los que lo escuchaban?
7. ¿Qué palabras muestran que José y María estaban preocupados por Jesús?
8. ¿Con qué palabras contestó Jesús la pregunta de su madre?
9. ¿Cuál era la casa de su padre?

Sobre las líneas en blanco escribe las palabras, de la lista que sigue, que te vienen a la mente cuando lees cada oración.

1. Era el hijo de María y José. _______
2. Los padres de Jesús iban a esa ciudad todos los años. ____________
3. Duraba siete días. _______________
4. Los padres de Jesús lo buscaron por esa cantidad de días.______________
5. Jesús estaba sentado entre ellos.
____
6. Ella encontró a Jesús. ____________
7. Jesús tenía que estar en la casa de él.
____
8. María, José y Jesús regresaron allí a vivir. _______________________
9. Aquí María guardaba todos los dichos de Jesús. ______________________
10. Jesús cumplía este mandamiento al obedecer a sus padres. ____________

Nazaret corazón Pascua
Jesús Jerusalén libro
maestros de la ley cuarto tres
María Belén Padre

EL BAUTISMO DE JESÚS
MATEO 3 ; MARCOS 1

60

Reflexionando sobre la palabra de Dios

1. ¿Quién fue a Juan para dejarse bautizar?

2. ¿Cómo puedes saber que Juan reconoció a Jesús como el Cristo?

3. ¿Por qué Jesús no necesitaba bautizarse como signo de arrepentimiento? ¿Por qué, entonces, fue bautizado?

4. ¿Cómo presentó Dios a Jesús como el Salvador que había prometido enviar?

Trabajando con la palabra de Dios

Responde cada pregunta.

1. ¿De dónde llegó Jesús para que lo bautizara Juan el Bautista?

____

2. ¿Cómo le respondió Juan a Jesús cuando éste le pidió ser bautizado?

____

3. ¿Por qué motivo Jesús debía ser bautizado por Juan?

____

4. ¿Cómo se mostró cada persona de la trinidad en este bautismo?

____

En las líneas en blanco escribe las palabras de abajo.

1. Fue de Galilea al río Jordán.

____

2. Predicó en el desierto.

____

3. Descendió como paloma.

____

4. Dijo: "Yo debería ser bautizado por ti."

____

5. Dijo: "Déjalo así por ahora."

____

6. Es el hijo amado de su Padre.

____

7. ¿Quién escribió el primer libro del Nuevo Testamento?

____

Espíritu Santo	Juan
Juan el Bautista	Dios el Padre
Mateo	Jesús

61

LA TENTACIÓN DE JESÚS
MATEO 4

Reflexionando sobre la palabra de Dios

1. ¿Bajo el poder de quién había caído el hombre cuando Adán pecó?
2. ¿Por qué vino Jesús al mundo?
3. ¿Por qué Satanás quería impedir el trabajo de Jesús? ¿De qué manera planeaba destruir el diablo lo que Jesús vino a hacer?
4. La primera vez, ¿cómo quiso el diablo sembrar la semilla de la duda en Jesús, tal como lo hizo antes con Adán y Eva?
5. Cuando Satanás tentó a Jesús la segunda vez, ¿cómo intentó mal interpretar la palabra de Dios para que Jesús pecara? ¿Cómo había empleado mal la palabra de Dios en el jardín de Edén?
6. En la tercera tentación, ¿cómo usó el diablo la avaricia humana para llevar al Salvador a pecar? ¿Cómo había usado la misma clase de tentación con Adán y Eva?
7. ¿Qué palabras, dichas tres veces, muestran que Jesús conocía la Escritura y la usó correctamente contra el diablo?
8. ¿Cuál fue la diferencia en el resultado entre el intento de Satanás de conducir a Adán al pecado y el de conducir a Jesús al pecado?

Trabajando con la palabra de Dios

Responde cada pregunta.

1. ¿Adónde fue llevado Jesús luego de su bautismo?
2. ¿Por cuánto tiempo ayunó Jesús allí?
3. ¿Con qué palabras puso a prueba el diablo a Jesús primero?
4. De acuerdo con las palabras de Jesús, ¿de qué debiera vivir realmente el hombre?
5. ¿Adónde llevó el diablo a Jesús para la segunda tentación?
6. ¿Cómo puso a prueba el diablo a Jesús allí?
7. ¿Con qué palabras contestó Jesús esta tentación?
8. ¿Qué le dijo el diablo al tentar a Jesús por tercera vez?
9. ¿Cuál fue la respuesta final de Jesús a las tentaciones del diablo?
10. ¿Cómo demostraron los ángeles que Jesús era su Señor?

Completa los espacios en blanco con las palabras de abajo.

1. Jesús ________ por 40 días y 40 noches.
2. Jesús dijo: "Vete, ______ ."
3. El diablo le pidió a Jesús que convierta __________ en pan.
4. El diablo le mostró a Jesús todos los __________ del mundo.
5. Los ángeles acudieron y _________ a Jesús.
6. Jesús fue llevado al desierto por el _____________ .
7. El diablo le pidió a Jesús que se arrodillara y lo __________ .
8. Jesús dijo: "No pongas a prueba al _____________ tu Dios."
9. El diablo llevó a Jesús a la parte _____________ del templo.
10. Tres veces repitió Jesús: "La _____________ dice."

Escritura sirvieron más alta países
Señor piedras Satanás no comió
adorara Espíritu

JESÚS AYUDA A PEDRO A PESCAR
LUCAS 5

62

Reflexionando sobre la palabra de Dios

1. Demuestra que las personas en esta historia estaban ansiosas de escuchar la palabra de Dios.
2. ¿De qué crees que Jesús hablaba a la gente?
3. ¿Por qué Simón no creyó conveniente salir nuevamente a pescar? ¿Qué fue lo que hizo que estuviera dispuesto a echar las redes de todas formas?
4. ¿Qué palabras nos muestran que la red no fue hecha para un número tan grande de pescados?
5. ¿Qué palabras nos muestran que las dos barcas juntas no eran tan grandes como para contener la pesca que Jesús les brindó?
6. ¿Cómo demostró Pedro que sabía que había presenciado un milagro?
7. ¿Qué palabras nos muestran que estos discípulos ahora iban a entregar toda su vida a seguir a Jesús y ser sus discípulos?
8. ¿Por qué enseñaba y predicaba Jesús? ¿Sobre qué predicaba?

Trabajando con la palabra de Dios

Responde cada pregunta en las líneas en blanco.

1. ¿Por qué crees que Jesús se subió a una barca para enseñar a la gente?

____

2. ¿La barca de quién usó Jesús?

____

3. ¿Qué le ordenó Jesús a Simón cuando terminó de hablar?

____

4. ¿Qué palabras nos dicen por qué Simón estaba dispuesto a echar las redes?

____

5. ¿Qué palabras nos dicen que había una enorme cantidad de pescados en la red?

____

6. ¿Qué dijo Simón Pedro cuando vio todos los pescados en la red?

____

7. ¿Cómo se entregaron estos discípulos a Jesús a partir de ahora?

Subraya la respuesta correcta de cada pregunta.

1. ¿Qué otro nombre tiene el lago de Galilea? (Mar Rojo - Mar Salado - Lago de Genesaret - Mar Muerto)
2. ¿Cuántas barcas había en la playa? (1 - 2 - 3 - 4 - 5 - 6 - 0)
3. ¿En la barca de quién entró Jesús? (en la de Juan - en la de Santiago - en la de Simón Pedro - en la de Felipe)
4. ¿A qué parte del lago envió Jesús a los discípulos a pescar? (honda - poco profunda - llena de lodo - tibia)
5. ¿Cuántos peces pescaron? (ninguno - 1 - pocos - muchos)
6. ¿Qué le dijo Jesús a Pedro que pescaría desde ahora? (peces - ranas - ladrones - hombres)
7. ¿Cuántas barcas se llenaron con pescados? (1 - 2 - 3 - 4 - 5 - 6 - ninguna - muchas)

63 JESÚS CONVIERTE AGUA EN VINO
JUAN 2

Reflexionando sobre la palabra de Dios

1. ¿Por qué a los seguidores de Jesús no les resultaba difícil creer que él era verdadero hombre?
2. ¿Cómo demostró Jesús ser verdadero Dios a la gente de Caná?
3. ¿Qué usó Jesús para convertir agua en vino?
4. ¿Qué palabras de la lección nos dicen por qué él hizo este milagro?
5. En esta lección, ¿quién fue a Jesús por ayuda? ¿Por qué nosotros debemos acudir a Jesús cuando necesitamos ayuda?
6. Sin duda, Juan estuvo presente en Caná cuando Jesús hizo su primer milagro. ¿Cómo vieron Juan y los demás discípulos la gloria de Jesús en Caná?
7. ¿Cuántos litros de agua cabían en cada tinaja? ¿Cuántas tinajas había?

Trabajando con la palabra de Dios

Responde cada pregunta.

1. ¿A qué fueron invitados Jesús y sus discípulos en Caná?
2. ¿Qué problema quería María que resuelva Jesús?
3. ¿Cómo le dijo Jesús a María que él ayudaría cuando fuera el momento correcto?
4. ¿Por qué tenían seis tinajas para agua en la casa?
5. ¿De qué manera obedecieron los sirvientes la orden de Jesús de llenar las tinajas para agua?
6. ¿A quién le llevaron un poco del agua luego de haber sido convertida en vino?
7. ¿Qué palabras nos dicen dónde comenzó Jesús a hacer milagros?
8. ¿Qué palabras nos dicen por qué Jesús hizo este gran milagro?

Completa los espacios en blanco con las palabras de abajo.

1. Hubo una boda en el pueblo de _______ .
2. María, Jesús y sus _____________ fueron invitados.
3. A la gente se le acabó el ______ .
4. Jesús dijo: “Mi __________ no ha llegado todavía.”
5. María les dijo a los ___________ que hicieran todo lo que Jesús les ordenara.
6. Había ______ tinajas de piedra para agua en la casa.
7. Los sirvientes llenaron las tinajas para agua ______________ .
8. Mediante su poder, Jesús convirtió el ________ en un buen vino.

sirvientes	seis	Caná
agua	madre	ocho
milagros	discípulos	hora
vino	hasta arriba	padre

JESÚS CALMA LA TEMPESTAD
MARCOS 4

64

Reflexionando sobre la palabra de Dios

1. ¿Cómo se puede demostrar de esta lección que Jesús era verdadero hombre?
2. ¿Por qué despertaron los discípulos a Jesús?
3. ¿Por qué pidieron la ayuda de Jesús a pesar de ser expertos marineros?
4. ¿Qué parte de su pedido demuestra que ellos no tenían confianza ni esperanza, aún cuando pedían la ayuda de Jesús? ¿Por qué estaba mal esto?
5. ¿Con qué palabras les dijo Jesús a sus discípulos cuál era la verdadera razón de su preocupación y temor?
6. ¿Cómo calmó Jesús la tempestad?
7. ¿Por qué el viento y el mar obedecieron a Jesús?
8. Demuestra con esta lección que Jesús fue un verdadero Dios-hombre.
9. ¿Quién permitió que se desatara esta gran tempestad? ¿Por qué permite Dios que sus hijos pasen por pruebas y tentaciones?

Trabajando con la palabra de Dios

Encierra en un círculo la V por verdadero y la F por falso.

1. Esta lección dice: "Fue un día ocupado para Jesús." V F
2. Esta lección dice: "Jesús estaba cansado después de un largo día de trabajo." V F
3. Esta lección dice: "Subieron a una barca y se fueron." V F
4. Esta lección dice: "Mientras navegaban, él se durmió." V F
5. Esta lección dice: "Se desató una tormenta con un viento muy fuerte." V F
6. Esta lección dice: "Y sus discípulos se le acercaron." V F
7. Esta lección dice: "¡Señor, sálvanos!" V F
8. Esta lección dice: "¿Por qué están asustados?" V F
9. Esta lección dice: "Se levantó y calmó al viento." V F
10. Esta lección dice: "El viento se calmó, y todo quedó completamente tranquilo." V F

Encierra en un círculo Sí o No.

1. Jesús y sus discípulos querían llegar al otro lado del lago. Sí No
2. Mientras los discípulos remaban, Jesús se durmió. Sí No
3. Porque Jesús dormía, sabemos que era verdadero Dios. Sí No
4. Jesús dormía en la parte delantera de la barca. Sí No
5. Jesús descansaba apoyado sobre una almohada. Sí No
6. La gran tempestad despertó a Jesús. Sí No
7. Jesús les preguntó a sus discípulos por qué no tenían fe. Sí No
8. Jesús le dijo al mar: "¡Silencio! ¡Quédate quieto!" Sí No
9. Jesús llevó a los discípulos sanos y salvos a la orilla. Sí No

65 JESÚS SANA A UN PARALÍTICO
MARCOS 2

Reflexionando sobre la palabra de Dios

1. ¿Por qué los cuatro hombres llevaron a su amigo enfermo a Jesús? ¿Cómo mostraron ellos su fe en su poder de sanar?
2. ¿Qué palabras nos dicen qué cosa necesitaba más el hombre que sanar su cuerpo? ¿Cómo podía Jesús saber esto sobre el hombre?
3. ¿Por qué pensaban los maestros de la ley que Jesús se burlaba de Dios?
4. ¿Qué aprendemos del hecho de que Jesús podía leer sus pensamientos?
5. ¿Dónde demostró Jesús su poder?
6. ¿Qué palabras de la lección muestran la razón por la cual Jesús hacía los milagros abiertamente?
7. ¿Adónde fue el paralítico después de haber sido sanado por Jesús?
8. ¿A quién alabaron las personas cuando presenciaron el milagro?

Trabajando con la palabra de Dios

Responde cada pregunta con una palabra de la lección.

1. ¿Qué enfermedad tenía el hombre de esta lección?
2. ¿A qué pueblo regresó el Señor?
3. ¿Cuántos hombres llevaban al enfermo?
4. ¿Qué hicieron los hombres para acercar al enfermo a Jesús?
5. ¿Cómo llamó Jesús al paralítico, cuando habló con él?
6. ¿Qué clase de maestros judíos había entre la gente?

Subraya la palabra o frase correcta que completa cada oración.

1. Le llevaron un hombre (con fiebre - paralítico - leproso).
2. El hombre fue cargado por (Jesús - cuatro hombres - muchos hombres - dos hombres).
3. Jesús estaba (adentro - afuera) cuando le llevaron al hombre.
4. La primer cosa que hizo Jesús con el hombre fue (preguntar su nombre - curar su enfermedad - perdonar sus pecados).
5. (Jesús - El paralítico - Los maestros de la ley) dijeron: “Sólo Dios puede perdonar pecados.”
6. En esta lección Jesús se llamó a sí mismo (el Mesías - el Hijo del hombre - el Justo).
7. Los maestros de la ley dijeron cosas malvadas de Jesús (para sí mismos - como para que todos pudieran oírlo - en voz baja).
8. Jesús le dijo al paralítico que tomara su (frazada - camilla - colchón - alfombra) y se fuera a su casa.
9. La gente que vio este milagro (se rió de los escribas - dijo a Jesús que dejara el país - alabó a Dios).

EL HIJO DE UNA VIUDA Y LA HIJA DE JAIRO LUCAS 7-8

66

Reflexionando sobre la palabra de Dios

1. ¿Cómo resucitó Jesús al hijo de la viuda?
2. ¿Por qué Jairo fue inteligente al pedir ayuda a Jesús?
3. ¿Qué quiso decir Jesús cuando dijo: "La niña no está muerta, sino dormida."
4. ¿De qué manera les mostró Jesús a la gente del pueblo de Jairo su poder sobre la muerte?
5. ¿Cuándo demostró Jesús el mismo poder?
6. ¿Por qué las palabras de Jesús "No llores", tal como fueron dichas a la viuda, realmente servían de consuelo y tenían significado para ella?
7. Gracias a Jesús, la muerte de la hija de Jairo y del hijo de la viuda eran en realidad sólo un corto sueño que terminaba con un final feliz. ¿Por qué la muerte significa lo mismo también para ti?

Trabajando con la palabra de Dios

Responde cada pregunta.

1. ¿Con qué se encontró Jesús al entrar un día en Naín?
2. ¿Por qué había tanta gente en ese entierro?
3. ¿Cómo mostró Jesús su compasión por la madre?
4. ¿Con qué milagro consoló Jesús a la madre?
5. ¿Con qué palabras alabaron las personas a Dios al ver este milagro?
6. ¿Quién era Jairo?
7. ¿Cómo mostró Jairo su fe en Jesús?
8. ¿Qué mensaje triste le comunicó alguien a Jairo?
9. ¿Qué palabras de Jesús hicieron que la gente se riera de él?
10. ¿De qué manera les mostró Jesús a las personas su poder sobre la muerte?

Subraya la respuesta correcta de cada pregunta.

1. ¿Dónde resucitó Jesús a un joven? (Capernaum - Judea - Jerusalén - Naín - Nazaret)
2. ¿Sobre qué mostró Jesús su poder? (alimento - enfermedad - viento y olas - muerte)
3. ¿Cuántos hijos tenía la viuda? (1 - 2 - 3 - 4 - 0 - 5)
4. ¿En qué llevaban al hijo de la viuda? (cama - camilla - ataúd - féretro)
5. ¿Sobre qué tenía autoridad Jairo? (Palestina - sinagoga - Judea - Galilea)
6. ¿Cuántos años tenía su hija enferma? (30 - 12 - 20 - 5 - 6)
7. ¿Cómo llamó Jesús a la muerte en esta lección? (el fin de todo - condenación- sueño - cielo)
8. ¿Cómo demostraron las personas que estaban en la casa de Jairo no creer en Jesús? (lo ignoraron - se rieron de él - se fueron de la habitación - cerraron sus oídos)
9. ¿Qué le dieron a la hija de Jairo después que Jesús la resucitó? (comida - vino - agua - descanso)

67 JESÚS ALIMENTA A MÁS DE CINCO MIL PERSONAS JUAN 6

Reflexionando sobre la palabra de Dios

1. ¿Qué le preguntó Jesús a Felipe? ¿Cómo vemos en la respuesta de Felipe que él pensaba que el dinero era lo más importante para conseguir alimento para gente hambrienta?
2. ¿Qué respuesta desesperanzada le dio Andrés a Jesús?
3. ¿Qué palabras de la lección nos muestran que Jesús le dio a las personas más de lo que ellos querían o necesitaban? ¿Por qué podía hacer esto?
4. ¿En qué oración decimos: "Danos hoy el pan que necesitamos"? ¿Por qué lo pedimos aunque sabemos que lo vamos a recibir?

Trabajando con la palabra de Dios

Completa los espacios en blanco.

1. Mucha ________ seguía a Jesús.
2. Jesús subió a un ________ .
3. Jesús miró y vio toda la ________ que lo seguía.
4. Jesús le dijo a ____________ : "¿Dónde vamos a comprar pan?"
5. __________ encontró un niño con panes y pescados.
6. Antes de repartir la comida, Jesús dio ___________ a Dios.
7. Repartió entre la gente tanta comida como __________ .
8. Llenaron 12 canastas con los ___________ que sobraron.
9. La gente vio que Jesús había hecho un ____________________ .

Marca las oraciones verdaderas con una V y las oraciones falsas con una F.

1. Jesús cruzó al otro lado del Lago de Galilea. V F
2. Mucha gente lo siguió en barcas.
3. Jesús le preguntó a Andrés: "¿Dónde vamos a comprar pan?" V F
4. Felipe dijo que no alcanzaría el salario de ocho meses . V F
5. Andrés encontró a un niño que tenía un poco de alimento con él. V F
6. El niño tenía dos pescados y cinco panes de cebada. V F
7. Jesús entregó a cada uno de los cinco mil un pan y un pescado. V F
8. La gente comió todo lo que quería. V F
9. Cada uno de los discípulos recogió 12 canastas con pedazos sobrantes. V F

JESÚS CAMINA SOBRE EL AGUA
MATEO 14; MARCOS 6

68

Reflexionando sobre la palabra de Dios

1. ¿Qué quería hacer con Jesús la gente que fue alimentada por él?
2. ¿Cómo cumplieron los discípulos la orden de Jesús? ¿Cómo fue probada su fe esa noche?
3. ¿Cómo demostraron que no creyeron que era Jesús cuando lo vieron caminar hacia ellos?
4. ¿Qué les dijo Jesús? ¿Cómo nos muestran esas palabras por qué él fue hacia ellos?
5. ¿Por qué Jesús podía caminar sobre el agua? ¿Por qué Pedro podía caminar sobre el agua?
6. ¿Por qué gritó Pedro cuando comenzó a hundirse?
7. ¿Qué palabras de Jesús nos dicen por qué Pedro comenzó a hundirse? ¿Cómo le mostró Jesús a Pedro que él era el Hijo misericordioso de Dios?
8. ¿Qué tuvo Pedro cuando notó la fuerza del viento?
9. ¿Qué se calmó cuando Jesús subió a la barca?

Trabajando con la palabra de Dios

Responde cada pregunta con una palabra de la historia.

1. ¿Qué quería hacer la gente con Jesús?
2. ¿A quién despidió Jesús?
3. ¿Quiénes se adelantaron para ir a Betsaida?
4. ¿Cuándo caminó Jesús hacia los discípulos?
5. ¿Qué pensaron los discípulos que era Jesús cuando lo vieron?
6. ¿Quién quería caminar también sobre el agua?
7. ¿Qué palabra le dijo Jesús a Pedro para invitarlo a ir a él?

Subraya la respuesta correcta de cada pregunta.

1. ¿A quién querían tener por rey las personas? (Herodes - Tadeo - Jesús - Felipe)
2. ¿Por qué subió Jesús a lo alto de un cerro? (para predicar - para orar - para esconderse - para descansar)
3. ¿Dónde estaba la barca cuando las olas la azotaban? (bastante lejos de tierra firme - del otro lado - junto a la orilla)
4. ¿Cuándo se acercó Jesús a sus discípulos? (a las cuatro - a la tarde - a la madrugada - a las 4 de la mañana)
5. ¿Cómo cruzó Jesús el lago para llegar a los discípulos? (remando - navegando - nadando - caminando)
6. ¿Qué dijeron los discípulos cuando vieron a Jesús? (Es un fantasma - Es nuestro Salvador - Es un espíritu - Sálvanos)
7. ¿Quién quiso ir a Jesús sobre el agua? (Andrés - los discípulos - Juan - Pedro - un ángel - la gente)
8. ¿Qué pasó cuando Jesús entró a la barca? (los discípulos lloraron - los discípulos remaron para llegar a la orilla - el viento se calmó)
9. ¿Cómo mostraron los discípulos que ellos creían que Jesús era el hijo de Dios? (lo abandonaron - lo adoraron - se pusieron de rodillas delante de él)

69 LA FE DE UNA MUJER CANANEA
MATEO 15

Reflexionando sobre la palabra de Dios

1. ¿De dónde provenía la mujer de esta historia?
2. ¿Qué palabras de la mujer muestran que ella conocía a Jesús como el Salvador prometido?
3. ¿Qué palabras nos muestran que la mujer sabía que no merecía la ayuda que le pedía?
4. ¿Por qué parecía que Jesús no la quería ayudar?
5. ¿Por qué razón le pidieron los discípulos a Jesús que se vaya?
6. ¿Cómo dijo Jesús que la mujer no tenía ningún derecho de pedir su ayuda?
7. ¿Con qué palabras contestó la mujer a Jesús cuando él le dijo que no estaba bien quitarle el pan a los hijos y dárselo a los perros?
8. ¿Con qué palabras dijo Jesús por qué iba a contestar la oración de la mujer?

Trabajando con la palabra de Dios

Responde cada pregunta.

1. ¿Quién se acercó a Jesús para pedirle ayuda?
2. ¿Con qué palabras explicó la mujer lo que le pasaba a la hija?
3. ¿Quién dijo: "Dile a esa mujer que se vaya, porque viene gritando detrás de nosotros"?
4. ¿Qué palabras nos dicen que Jesús vino primeramente para los judíos?
5. ¿Con qué palabras adoró la mujer a Jesús?
6. ¿Con qué palabras elogió Jesús la fe de esta mujer?
7. ¿Cómo respondió Jesús la oración llena de fe de esta mujer?

Subraya la palabra que completa correctamente cada oración.

1. La mujer que se acercó a Jesús era (judía - romana - griega - cananea - babilónica).
2. La mujer pidió (pan - compasión - carne - limosna - grandes riquezas).
3. La hija de la mujer sufría (una parálisis - lepra - una posesión demoníaca - pesadillas).
4. Primero, Jesús contestó a la mujer (nada - "Ve al doctor" - "Aléjate de mí" - muy amablemente).
5. Los (personas - hija - discípulos - soldados) le dijeron a Jesús que echara a la mujer.
6. Jesús dijo que no era justo quitar el pan a los hijos y tirarlo (a la basura - al río - a los perros).
7. Jesús le dijo a la mujer que (la enfermedad de la hija - su pecado - su fe - su edad) era grande.
8. Su hija sanó desde ese (año - día - momento).

LOS DIEZ LEPROSOS
LUCAS 17

70

Reflexionando sobre la palabra de Dios

1. ¿Adónde se dirigía Jesús?

2. ¿Por qué querían los hombres que Jesús sintiera compasión por ellos?

3. ¿Por qué quería Jesús que los hombres se presentaran ante los sacerdotes?

4. ¿Quién regresó para alabar a Dios?

5. ¿Qué quiso decir Jesús cuando preguntó "Dónde están los otros nueve"?

6. ¿Por qué se curó el leproso?

Trabajando con la palabra de Dios

Completa los espacios en blanco con una palabra de la historia.

1. Jesús caminó por la frontera entre __________ y Galilea.

2. ________ hombres enfermos de lepra salieron a su encuentro.

3. Ellos gritaron: "¡Jesús, _________ , ten compasión de nosotros!"

4. Jesús les mandó que se presentaran ante los ____________ .

5. Uno de los hombres regresó y ___________ a Dios a grandes voces.

6. Jesús preguntó: "¿Acaso no eran diez los que quedaron ___________ ?"

7. "¿Dónde están los otros _________?"

8. Jesús le dijo al samaritano: " ___________ y vete; por tu fe has sido sanado".

Escribe quién hizo estas afirmaciones. Usa las palabras Jesús, 10 hombres, o samaritano.

1. "¿No eran diez los que quedaron limpios?"

____

2. "Levántate y vete; por tu fe has sido sanado."

____

3. "¡Jesús, maestro, ten compasión de nosotros!"

____

4. "¿Únicamente este extranjero ha vuelto para alabar a Dios?"

____

5. "¿Dónde están los otros nueve?"

____

6. "Vayan a presentarse a los sacerdotes."

____

71 JESÚS BENDICE A LOS NIÑOS
MATEO 18-19

Reflexionando sobre la palabra de Dios

1. ¿Qué le preguntaron los discípulos a Jesús?
2. ¿Con qué palabras directas les dijo Jesús que si no cambiaban, no entrarían al reino de los cielos?
3. ¿De qué manera advirtió Jesús a los discípulos que no debían tomar a la ligera al niño que estaba entre ellos ni ofender a tan pequeño creyente?
4. ¿Con qué palabras les dijo Jesús a sus discípulos que debían acercar a los niños pequeños a él en lugar de apartarlos?
5. ¿Quién, dijo Jesús, es el más importante en su reino?
6. ¿Por qué los niños pequeños simplemente deben confiar en sus padres para todo lo que necesitan? ¿Con qué palabras les dijo Jesús a los discípulos que para entrar a su reino debían comportarse como los niñitos con sus padres?
6. ¿Qué palabras nos muestran que los discípulos reprendían a los que los traían?
7. ¿Con qué palabras dijo Jesús que él quería que los niños vinieran a él?
8. ¿Con qué acto mostró Jesús su amor por los niños?

Trabajando con la palabra de Dios

Responde cada pregunta.

1. ¿Para quién es Jesús un amigo especial?
2. ¿Quiénes se acercaron a Jesús para hacerle una pregunta?
3. ¿Quién dijo Jesús es el más importante en el reino de Dios?
4. ¿A quién reciben las personas cuando reciben a un niño en el nombre de Jesús?
5. ¿Por qué llevaron a los niños a Jesús?

Subraya la respuesta correcta de cada pregunta.

1. ¿Quiénes se acercaron a Jesús para hacerle una pregunta? (padres - discípulos - niños - escribas)
2. ¿Qué querían saber de Jesús? (quién era el mejor amigo de Jesús - si él amaba a los niños - quién sería el más importante en el reino de los cielos)
3. ¿Cómo puede una persona volver a ser como un niño pequeño? (al no estudiar demasiado - al confiar totalmente en Jesús - al no pecar)
4. ¿Quién es el más importante en el reino de los cielos? (el más pobre - el más pequeño - el más humilde - el más sabio)
5. ¿Cuándo un niño no es un hijo de Dios? (cuando el niño no va a la iglesia todos los domingos - cuando el niño crece - cuando el niño no cree)
6. ¿Por qué llevaron a los niños a Jesús? (para que los sanara - para que les enseñara - para que orara por ellos)
7. ¿Cómo se sintió Jesús cuando vio lo que hicieron los discípulos? (lloró - se enojó - estaba contento)
8. ¿Cómo mostró Jesús su amor por los pequeños? (les dio regalos - los besó - les predicó - los bendijo)

LA TRANSFIGURACIÓN
MATEO 17

72

Reflexionando sobre la palabra de Dios

1. ¿Cómo se veía Jesús en su transfiguración?
2. ¿Quiénes aparecieron junto a Jesús?
3. ¿Qué discípulos subieron al monte con Jesús?
4. ¿Qué quería hacer Pedro por Jesús?
5. ¿Qué dijo la voz desde la nube?
6. ¿Por qué tenían miedo los discípulos?
7. ¿Por qué les dijo Jesús que no contaran a nadie lo que habían visto?

Trabajando con la palabra de Dios

Escribe V por verdadero o F por falso.

1. Jesús llevó consigo a Pedro, Santiago y Mateo a un cerro.
2. Jesús cambió su apariencia ante ellos.
3. Elías e Isaías aparecieron, y conversaban con Jesús.
4. Los hombres hablaban sobre la partida de Jesús.
5. Los discípulos tenían sueño.
6. Pedro se ofreció a armar tres chozas.
7. La voz de Dios provenía de un fuego.
8. Los discípulos sentían mucho miedo de la voz.

Completa los espacios en blanco con las palabras de abajo.

Luego de _______ días, Jesús llevó a _______ , ________ y Juan a un cerro muy alto. Él _______________ delante de ellos.
Dos hombres, _____________ y _________ , aparecieron junto a Jesús. Pedro ofreció hacer _________ para los tres. Se oyó una voz desde la _________ diciendo que Jesús era el _________ de Dios. ______ les dijo a los discípulos que no contaran lo que habían visto.

Moisés	Pedro	Jesús
Juan	Elías	Santiago
dos	nube	seis
cambió su apariencia		Hijo
chozas		

73 ZAQUEO
LUCAS 19

Reflexionando sobre la palabra de Dios

1. ¿Por qué Zaqueo no regresó a su casa cuando no pudo ver a Jesús por causa de la multitud?
2. ¿Cómo sabes que Jesús buscaba a Zaqueo cuando se acercó al árbol?
3. Las palabras de Jesús a Zaqueo, ¿nos dicen a todos que no hay tiempo que perder en recibir a Jesús como Salvador?
4. ¿Por qué comenzaron a criticar algunas personas?
5. ¿Fue Jesús el invitado de un pecador? Da una razón. ¿Por qué fue allí?
6. Muestra cómo cambió la vida de Zaqueo luego de encontrarse con Jesús y recibirlo como su Salvador.
7. ¿Cómo mostraron los que criticaron, que ellos no entendían por qué Jesús había venido a ellos?
8. ¿En qué palabras dio Jesús la razón de su venida al mundo?

Trabajando con la palabra de Dios

Completa los espacios en blanco de estas oraciones.

1. Jesús atravesaba la _________ .
2. Un hombre llamado Zaqueo era jefe de _______________ .
3. Zaqueo era un hombre ________ .
4. Se subió a un _________ para ver a Jesús.
5. Las personas comenzaron a _______ cuando vieron a Jesús hablar con él.
6. Zaqueo demostró que estaba arrepentido de sus pecados al devolver _____ veces más de lo que había robado.
7. También entregó a los pobres la _________ de todo lo que tenía.
8. Jesús dijo: "Hoy ha llegado la __________ a esta casa."
9. Jesús vino a salvar lo que se había ____________ .

Subraya la palabra que completa correctamente cada oración.

1. Zaqueo era (el menor - el mayor - el jefe) de los que cobraban impuestos.
2. Zaqueo era muy (anciano - amable - pobre - pequeño de estatura).
3. Él vivió en (Jerusalén - Jairo - Jericó - Jordán).
4. Las personas (gritaron - criticaron - se alegraron) cuando Jesús entró a la casa de Zaqueo.
5. Zaqueo ofreció dar (todas - la mitad - la mayoría - un tercio) de sus posesiones a los pobres.
6. Si había robado dos pesos de un hombre, le devolvería (6 - 2 - 4 - 10 - 8 - 20) pesos.
7. Zaqueo se subió a un (casa - carro - árbol - muro) para ver a Jesús.

LA OVEJA PERDIDA Y LA MONEDA PERDIDA
LUCAS 15

74

Reflexionando sobre la palabra de Dios

1. ¿Quiénes se agrupaban para oír a Jesús?
2. ¿Por qué crees que Jesús contaba parábolas?
3. ¿A quién se refiere Jesús cuando habla de la oveja perdida?
4. ¿Cuándo hay alegría en el cielo por un pecador?
5. ¿Cómo se llama a "lo que se me había perdido" en esta parábola?
6. ¿Alguna vez fuiste una oveja perdida? ¿Cuándo? ¿Cómo fue Jesús tu pastor?

Trabajando con la palabra de Dios

Responde correctamente cada pregunta con palabras de la historia.

1. ¿A quién criticaban los maestros de la ley y los fariseos?

   ____

2. ¿Cuántas ovejas había en el rebaño?

   ____

3. ¿Cuántas ovejas se habían perdido?

   ____

4. ¿Quién fue a buscar la oveja?

   ____

5. ¿Quién es como la oveja perdida?

   ____

6. ¿Quién busca un pecador perdido?

   ____

7. ¿Dónde hay mucha alegría cuando se arrepiente un pecador?

Tacha cada oración que no es verdadera. Escríbela correctamente en la línea en blanco que le sigue.

1. Dios quiere que sólo los creyentes se salven.

   ____

2. Jesús contó la parábola de la oveja perdida.

   ____

3. Jesús recibía a los pecadores y comía con ellos.

   ____

4. Un buen pastor prefiere perder una oveja que dejar las 99.

   ____

5. Hay alegría en el cielo cuando un pecador se arrepiente.

   ____

6. Algunas personas no necesitan perdón.

   ____

7. Los fariseos y maestros de la ley no sabían que ellos eran ovejas perdidas.

   ____

8. El Hijo del hombre ha venido a buscar y salvar lo que se había perdido.

   ____

75 EL HIJO PERDIDO
LUCAS 15

Reflexionando sobre la palabra de Dios

1. ¿Cuál fue la parte de la herencia que el hijo menor recibió de su padre?
2. ¿Qué hizo el hijo menor con su herencia después de recibirla?
3. Encuentra las palabras con las cuales el hijo planeaba decir que había pecado gravemente y ya no merecía el amor de su padre. ¿Qué palabras muestran que él se había vuelto humilde?
4. ¿Cómo sabes que él realmente estaba arrepentido de lo que había hecho?
5. ¿Cómo confesó su pecado? ¿Cómo admitió que él no merecía el perdón?
6. ¿Cómo mostró el padre que él nunca había dejado de amar a su hijo y que ya lo había perdonado? ¿Qué demostró el padre al aceptar a su hijo nuevamente como miembro de la familia?
7. ¿Qué quiso decir el padre cuando dijo: "Porque este hijo mío estaba muerto y ha vuelto a vivir"?
8. ¿Le gustaban al padre las malas obras de su hijo? ¿Cómo mostró que lo amaba de todas formas? ¿De qué manera le ayudó al hijo este amor inagotable del padre?
9. ¿Ama Dios los pecados que cometemos? ¿Qué significa esta parábola para nuestras vidas?

Trabajando con la palabra de Dios

Responde cada pregunta.

1. ¿Quién contó esta parábola?
2. ¿Qué le pidió el hijo menor al padre?
3. ¿Cómo gastó el hijo sus bienes?
4. ¿Por qué el hijo tuvo que alimentar cerdos?
5. ¿Qué clase de alimento hubiese comido con gusto el hijo?
6. ¿Cómo sabes que el padre estuvo esperando a su hijo?
7. ¿De quién es el padre de esta lección un verdadero retrato?
8. ¿A quién te recuerda el hijo perdido?

Encierra en un círculo Sí o No.

1. ¿Pidió el hijo menor su parte de la herencia? Sí No
2. ¿Había tres hijos en esta familia? Sí No
3. ¿Derrochó su dinero el hijo perdido? Sí No
4. ¿Cuidó ovejas el hijo durante la gran escasez de comida? Sí No
5. ¿Sabía el hijo perdido que había pecado? Sí No
6. El saber que uno pecó, ¿trae el perdón? Sí No
7. ¿Se encontró el padre con su hijo en un país lejano? Sí No
8. ¿Se había arrepentido el hijo de sus pecados? Sí No

EL HOMBRE RICO NECIO
LUCAS 12

76

Reflexionando sobre la palabra de Dios

1. ¿Qué significa poseer muchas cosas?

2. ¿Qué quería hacer el hombre rico?

3. ¿Qué significa "come, bebe y goza de la vida"?

4. ¿Qué le iba a pasar al hombre rico?

5. ¿Qué dice Jesús le va a pasar a las personas que buscan el reino de Dios?

6. ¿Por qué cosas dice Jesús que no nos debemos preocupar?

Trabajando con la palabra de Dios

Responde cada pregunta con una palabra.

1. ¿De qué les dijo Jesús a sus discípulos que se cuiden?

   ____

2. ¿Qué dio una gran cosecha al hombre rico?

   ____

3. ¿Qué quería hacer el hombre rico con su cosecha y todo lo que poseía?

   ____

4. ¿Cómo llamó Dios al hombre rico?

   ____

5. ¿Qué dijo Dios iba a sucederle al hombre rico esa noche?

   ____

6. ¿De qué no debían preocuparse sus discípulos, de acuerdo a Jesús?

Tacha las oraciones falsas. Escribe nuevamente las oraciones de manera correcta.

1. Jesús dijo: "Cuídense ustedes de toda corrupción".

   ____

2. "El hombre rico necio" es un proverbio.

   ____

3. Jesús contó esta parábola a los niños.

   ____

4. Dios le dijo al hombre rico que moriría ese fin de semana.

   ____

5. Jesús les dijo a sus discípulos que se preocupen por sus vidas.

   ____

6. Jesús dijo que las personas pueden poner atención a su reino cuando quieran.

   ____

77 EL FARISEO Y EL COBRADOR DE IMPUESTOS LUCAS 18

Reflexionando sobre la palabra de Dios

1. ¿A quiénes les contó Jesús esta parábola? ¿Qué pensaban de sí mismos? ¿Qué pensaban de los demás?
2. ¿Cómo mostró el fariseo que se consideraba a sí mismo justo cuando oró?
3. ¿Cómo demostró el fariseo con las palabras de su oración que él despreciaba a otros?
4. ¿Con qué palabras intentó el fariseo decirle a Dios acerca de sus buenas obras en lugar de confesarle sus pecados? ¿Por qué no pidió por el perdón de pecados?
5. ¿En la sabiduría, bondad y justicia de quién confiaba el cobrador de impuestos?
6. ¿Cómo se declaró el cobrador de impuestos ante Dios?
7. ¿Cómo demostraron sus acciones que él no se consideraba digno de presentarse ante Dios?
8. ¿Qué es lo único que pidió de Dios?
9. Lee atentamente la "oración" del fariseo. ¿Qué le pidió a Dios?

Trabajando con la palabra de Dios

Responde correctamente.

1. ¿Cuál es el único camino al cielo?
2. ¿Cómo desean entrar al cielo algunas personas?
3. ¿A quiénes les contó Jesús esta parábola?
4. ¿Dónde fueron dos hombres a orar?
5. ¿Quiénes eran los dos hombres?
6. ¿Por qué cosas le agradeció el fariseo a Dios?
7. ¿Qué fue la oración del cobrador de impuestos?
8. ¿Quién confiaba en sí mismo para ganarse el cielo?
9. ¿Quién confiaba en la compasión de Dios para salvarse?
10. ¿Quién se fue a su casa con sus pecados perdonados?

Subraya la palabra o frase que completa correctamente cada oración.

1. La Biblia habla de (dos caminos - muchos caminos - un solo camino) para la salvación.
2. Nosotros (podemos - no podemos - a veces podemos) salvarnos por nuestras obras.
3. Jesús contó esta parábola a personas que (amaban - despreciaban - odiaban) a otros.
4. (Un - dos - tres - cuatro) hombres fueron al templo a orar.
5. El (cobrador de impuestos - fariseo) agradeció a Dios porque no era como otros.
6. El fariseo ayunaba (una - dos - tres) veces a la semana.
7. El cobrador de impuestos dijo que él era un (fariseo - hijo de Dios - pecador - hijo de Abraham).
8. El cobrador de impuestos fue a su casa (justificado - condenado - perdido).

EL BUEN SAMARITANO
LUCAS 10

78

Reflexionando sobre la palabra de Dios

1. ¿Qué dos preguntas quería el maestro de la ley que Jesús le contestara?
2. ¿Qué le pasó al hombre que iba de Jerusalén a Jericó? ¿Qué palabras nos dicen que el hombre herido tenía poca oportunidad de vivir?
3. ¿Quién pasó por ese camino?
4. ¿Qué palabras nos dicen que el levita también pasó cerca del hombre malherido sin ayudarlo?
5. Nombra cinco formas en que el samaritano ayudó al hombre. ¿Era eso ser un prójimo para el hombre herido?
6. ¿Qué le preguntó Jesús al maestro de la ley al final de su parábola?
7. ¿Cómo contestó ahora el maestro de la ley por sí mismo las preguntas que le había hecho a Jesús?
8. ¿Cómo le dijo Jesús que vaya y sea un buen prójimo?

Trabajando con la palabra de Dios

Completa los espacios en blanco.

1. Jesús contó esta parábola a un ____________ .
2. Un hombre iba de Jerusalén a ____________ .
3. Unos bandidos le ____________ la ropa.
4. Un sacerdote dio un ________ al verlo.
5. Un ________ también dio un rodeo cuando lo vio y siguió.
6. Un samaritano sintió ___________ por él.
7. Le curó vertiendo aceite y _______ sobre las heridas.
8. Llevó al hombre herido a un ____________ .
9. El samaritano le dijo al dueño: “ ____________ a este hombre.”
10. Jesús le dijo al maestro de la ley: “Ve y haz tú ___________ .”

Si una oración es verdadera, escribe una V; si es falsa, escribe una F.

1. _____ Un hombre cayó en manos de unos bandido mientras iba a Jerusalén.
2. _____ Al samaritano le quitaron las ropas y lo dejaron medio muerto.
3. _____ El sacerdote y el levita eran verdaderos amigos en problemas.
4. _____ El hombre herido era el buen samaritano.
5. _____ Jesús contó esta parábola para enseñar el significado de ser un buen prójimo.
6. _____ Una persona que ama a Dios verdaderamente también amará a su prójimo.

79 LA ENTRADA TRIUNFAL MATEO 21

Reflexionando sobre la palabra de Dios

1. ¿Por qué envió Jesús a dos de sus discípulos que se adelantaran a Betfagé? ¿Cómo iba a usar los animales?
2. Los soldados y reyes usaban los caballos para fines de guerra. Los burros eran usados en la vida diaria de la gente para transportar personas y cosas de un lugar a otro. ¿Cómo mostró Jesús que llegaba a Jerusalén con un motivo pacífico?
3. ¿Qué profecía se cumplió cuando Jesús entró en Jerusalén? ¿Qué significa aquí "la ciudad de Sión"? ¿Quién era el rey que venía a ella?
4. ¿Qué hizo la multitud para honrar a Jesús como su rey?
5. ¿Qué gritaba la gente?

Trabajando con la palabra de Dios

Completa los espacios en blanco con las palabras correctas.

1. Jesús y sus discípulos estaban en camino a __________ .
2. Los discípulos fueron a una ciudad sobre el Monte de los _________ .
3. Solamente _____ de los discípulos de Jesús fueron enviados a buscar a la burra.
4. Los discípulos encontraron a la burra en la aldea situada ___________ .
5. Los discípulos echaron sus __________ encima de la burra como silla de montar.
6. La gente gritaba: "¡ ________ al Hijo del rey David!"
7. Algunos honraban a Jesús __________ ramas de los árboles en el camino.
8. Otros tendían sus __________ por el camino.

Subraya la respuesta correcta de cada pregunta.

1. ¿A qué ciudad iban Jesús y sus discípulos? (Capernaum - Belén - Jerusalén - Jericó)
2. ¿Qué parte triste de la vida de Jesús estaba por comenzar? (huida - predicación - sufrimiento - ascensión)
3. ¿En qué aldea encontraron los discípulos a la burra para Jesús? (Jerusalén - Betfagé - Betania - Nazaret)
4. ¿A cuántos discípulos envió Jesús? (12 - 11 - 1 - 2 - 6)
5. ¿Qué animal encontraron atado con la burra? (burrito - caballo - oveja - perro guardián)
6. ¿Quién dijo las palabras: "Digan a la ciudad de Sión"? (el Señor - Moisés - un profeta - los discípulos)
7. ¿Quién montó sobre la burra? (Jesús - el rey - los discípulos)
8. ¿Qué nombre le dieron las personas a Jesús? (Hosanna - Hijo del rey David - Rabino - Salvador)
9. ¿Qué mostró ser Jesús en esta lección? (Rey - Salvador - todopoderoso - rico - amable)

EL UNGIMIENTO
MARCOS 14; JUAN 12

80

Reflexionando sobre la palabra de Dios

1. ¿En qué ciudad se llevó a cabo el ungimiento?
2. ¿Quién servía a la mesa para Jesús?
3. ¿Quién estaba recostado a la mesa con Jesús?
4. ¿Qué hizo María con el perfume?
5. ¿Por qué la gente presente se enojó con María?
6. ¿Por qué Jesús dijo que la dejen en paz?
7. ¿Qué dijo Jesús se haría en memoria de María?

Trabajando con la palabra de Dios

Completa los espacios en blanco con las palabras de abajo.

1. Jesús llegó a Betania ______ días antes de la Pascua.
2. Hicieron una _______ en honor a Jesús.
3. María derramó _____________ sobre los pies de Jesús.
4. Ella secó sus pies con su _________ .
5. Algunos dijeron: "¿Por qué se ha __________ este perfume?"
6. Jesús dijo: "A los pobres _________ los tendrán con ustedes."
7. El perfume era en preparación del ___________________ de Jesús.
8. __________ traicionó a Jesús.

cena	cabello	cinco
entierro	uso	Judas
perfume	siempre	seis
desperdiciado		

Une las siguientes partes con flechas para completar correctamente la oración.

1. Jesús fue a
2. Hicieron una cena
3. Marta
4. María
5. El perfume era
6. Los pies de Jesús fueron secados con
7. Judas

a. en honor a Jesús.
b. ungió los pies de Jesús.
c. cabello.
d. caro.
e. Betania.
f. fue a entregar a Jesús.
g. sirvió a la mesa.

81

EL ÚLTIMO JUICIO
MATEO 25

Reflexionando sobre la palabra de Dios

1. ¿Alguna vez llegará a su fin este mundo? Según esta parábola, ¿quién se sentará en el trono del reino de gloria cuando llegue el tiempo?
2. ¿Quiénes se reunirán delante de él?
3. ¿A quiénes les dará su reino? ¿Por qué ellos merecen heredar el reino?
4. ¿Con qué palabras dirán los justos que su justicia no es propia y es inmerecida?
5. Encuentra las palabras en las cuales el Rey, Jesús, dice que cuando los cristianos hacen buenas obras en fe, él cuenta las obras como hechas a él.
6. ¿A quién condenará el Rey al fuego eterno? En palabras de Jesús, ¿por qué merecen ellos este castigo?
7. ¿En qué palabras dirán los condenados que el castigo no es justo?
8. ¿Cómo le dice el Rey a aquellos que están condenados que su propia desobediencia merece este castigo?
9. ¿Dónde irán entonces los malvados?
10. ¿Dónde serán llevados los justos?

Trabajando con la palabra de Dios

Responde cada pregunta.

1. ¿Quién se sentará en su trono glorioso en el último juicio?

   ____

2. ¿Quiénes serán reunidos frente a él?

   ____

3. ¿Quiénes estarán a la izquierda del Rey? ______________________________

4. ¿Quiénes vendrán con el Hijo del hombre en el día del juicio?

   ____

5. ¿A quién hablará primero el Rey?

   ____

6. ¿De qué bendiciones hablará el Rey a todos los que estén reunidos?

   ____

7. ¿A quiénes dirá el Rey: "Apártense de mí, los que merecieron la condenación"?

   ____

8. ¿Por qué algunos serán condenados al fuego eterno?

   ____

Completa los espacios en blanco con las palabras de abajo.

1. Cuando el Hijo del hombre venga en el día del juicio, todos sus ________ vendrán con él.
2. La gente de todas las ___________ se reunirá delante de él.
3. Primero, el Rey hablará con los que estén a su ____________ .
4. Todo lo que hicieron por alguno de sus ____________ , lo hicieron por él.
5. Después, el Rey hablará con los que estén a su ____________ .
6. Esos irán al _______ eterno.
7. El _________ y sus ángeles estarán con los condenados.
8. Los que estén a la izquierda irán al castigo ________ .
9. Pero los justos irán a la _________ eterna.

derecha	eterno sacerdotes	
hermanos	vida fuego	naciones
diablo	izquiera	ángeles

LA CENA DEL SEÑOR
LUCAS 22

82

Reflexionando sobre la palabra de Dios

1. ¿Qué gran fiesta judía estaba ya cerca en este tiempo?
2. ¿Cuáles son algunas de las preparaciones necesarias según Éxodo 12.3-6?
3. ¿A quiénes envió Jesús para preparar la cena de Pascua?
4. ¿Cómo les dijo Jesús a sus discípulos que esta sería la última Pascua?
5. ¿Qué palabras muestran que Judas se había vuelto infiel antes de ir a ver a los jefes de los sacerdotes?
6. Mientras comían, ¿qué les dio Jesús a sus discípulos? ¿Qué les dijo que hicieran con ello? ¿Qué les dijo que era? ¿En memoria de quién debían tomarlo y comerlo?
7. ¿Qué les dijo Jesús a los discípulos que hicieran con el vino que había en la copa?

Trabajando con la palabra de Dios

Escribe de quiénes hablan las siguientes oraciones.

1. ¿Quién les dijo a los discípulos que el Hijo del hombre sería crucificado?
2. ¿Quién entró en Judas Iscariote?
3. ¿Quién fue a los jefes de los sacerdotes para traicionar a Jesús?
4. ¿Quiénes prometieron entregarle dinero a Judas?
5. ¿Quién fue con Pedro a preparar la cena de Pascua?
6. ¿Quiénes se sentaron con Jesús para la cena pascual?
7. ¿Quién tomó pan y lo partió?
8. ¿Quién dijo: "Esto es mi cuerpo, entregado a muerte en favor de ustedes"?
9. ¿Quién prometió entregar a Jesús?

Subraya las palabras que completan correctamente cada oración.

1. Judas fue a los jefes de los sacerdotes porque (le habían pedido hacerlo - quería ir allí - debía ir allí).
2. Los jefes de los sacerdotes prometieron darle a Judas (10 monedas de plata - oro - el salario de cuatro meses - grandes riquezas).
3. Jesús envió a (Santiago y Juan - Pedro y Juan - Pedro y Santiago) a preparar la Pascua.
4. En la cena había (10 - 11 - 12 - 13 - 9 - 15) personas en total.
5. Jesús dijo que quería comer esta Pascua con sus discípulos antes de que él (ascendiera - hiciera más milagros - sufriera - fuera a Galilea).
6. En la Cena del Señor Jesús nos da (solamente pan y vino - solamente su verdadero cuerpo y sangre - su cuerpo y sangre con el pan y el vino).
7. Celebramos la Cena del Señor para recordar (el nacimiento de Jesús - los israelitas en el desierto - el primer milagro de Jesús en Caná - el sufrimiento y la muerte de Jesús).

83

JESÚS EN GETSEMANÍ
MATEO 26; LUCAS 22

Reflexionando sobre la palabra de Dios

1. ¿Quién guió el camino al monte de los Olivos?
2. ¿De qué manera advirtió Jesús a sus discípulos acerca de lo que harían todos esa noche?
3. ¿De qué manera dijo Pedro ser mejor y más fiel que el resto?
4. Busca las palabras en las cuales Jesús advierte a Pedro.
5. ¿Qué palabras muestran el cambio que los discípulos notaron en Jesús? ¿Qué palabras de Jesús muestran su gran sufrimiento?
6. ¿A quiénes llevó consigo Jesús a Getsemaní?
7. ¿Cuál era el "trago amargo" del cual Jesús habló con su Padre?
8. ¿Cuántas veces fue Jesús a orar solo? ¿Con qué palabras declaró Jesús que él quería que se cumpliese la voluntad de Dios?
9. ¿Cuántas veces fue Jesús a donde estaban los tres discípulos que iban a quedar despiertos con él? ¿Qué estaban haciendo ellos todas las veces? ¿Con qué palabras los amonestó la primer vez?

Trabajando con la palabra de Dios

Responde correctamente cada pregunta con una palabra.

1. ¿Quién dijo que no perdería la fe en Jesús?
2. ¿Cuántas veces negaría Pedro a Jesús esa noche?
3. ¿Quiénes, además de Pedro y Juan, fueron con Jesús a Getsemaní?
4. ¿Qué pidió Jesús a su Padre celestial?
5. ¿Qué parte de cada discípulo quería ayudar a Jesús?
6. Pero, ¿cómo eran?
7. ¿Cuántas veces se fue Jesús a orar?
8. ¿Quién llegó del cielo para dar fuerzas a Jesús?
9. ¿Cómo qué eran las grandes gotas de sudor que cayeron al suelo?

Si una oración es verdadera, escribe V; si es falsa, escribe F.

1. ____ Jesús dijo que todos los discípulos le negarían esa noche.
2. ____ Pedro confiaba en sí mismo que no perdería la fe.
3. ____ Jesús dijo que Pedro le iba a negar antes que cante el gallo.
4. ____ Tres de los discípulos fueron con Jesús a Getsemaní.
5. ____ Simón Pedro quedó despierto con Jesús en Getsemaní.
6. ____ Jesús oró tres veces en el jardín.
7. ____ Jesús sufrió mucho en el jardín porque los soldados le hacían daño.
8. ____ Mientras Jesús sufría mucho, los tres discípulos dormían.
9. ____ Un ángel le dio fuerzas a Jesús.

JESÚS ES TRAICIONADO Y ARRESTADO
MATEO 26; JUAN 18

Reflexionando sobre la palabra de Dios

1. ¿Quiénes vinieron con Judas para capturar a Jesús?
2. ¿Con qué palabras se entregó libremente Jesús a la gente armada?
3. ¿Cómo demostró Jesús que, si no fuera su voluntad, jamás podrían tomarle?
4. ¿Cómo probó ser un hipócrita Judas al saludar y besar a Jesús?
5. ¿Cómo quiso Pedro arreglar la situación? ¿Por qué esto era necio además de incorrecto? ¿Con qué palabras enseñó Jesús que la "espada" (fuerza y poder terrenales) no tiene lugar en el plan de Dios de salvar a la gente de su pecado?
6. ¿De qué manera le indicó Jesús a Pedro que existía una forma de conseguir ayuda de su Padre si fuera necesario o si así lo deseara?

Trabajando con la palabra de Dios

Une con flechas las siguientes partes que completan correctamente una oración.

1. Judas llegó
2. Jesús les dijo:
3. Se echaron hacia atrás
4. Judas dijo:
5. El Salvador le dijo Judas:
6. Los hombres echaron mano a Jesús
7. Simón Pedro
8. Al criado del sumo sacerdote

Escribe de quién son verdad las siguientes cosas:

1. Vino con una gran multitud a buscar a Jesús. ________________
2. Dijo: "Al que yo bese, ése es". ______________
3. Dijo: "¿A quién buscan?" ________
4. Dijeron: "A Jesús de Nazaret". ______________
5. Dijo: "¡Buenas noches, Maestro!" ______________
6. Sacó la espada. _____________
7. Le cortaron la oreja.____________
8. Podía enviar más de doce ejércitos de ángeles. _____________
9. Abandonaron a Jesús y huyeron. ___________

a. y lo arrestaron.
b. solo.
c. negó a Jesús y huyó.
d. con mucha gente armada.
e. "¡Buenas noches, Maestro!"
f. "¡Aléjense de mí!"
g. "¿A quién buscan?"
h. tocó su oreja y la sanó.
i. y cayeron al suelo.
j. y le adoraron.
k. "¿Con un beso traicionas al Hijo del hombre?"
l. tenía una espada.
m. le cortaron la oreja.

85 JESÚS ANTE LA JUNTA SUPREMA
MATEO 26; JUAN 18

Reflexionando sobre la palabra de Dios

1. ¿Cómo puedes ver claramente en esta lección que los jefes de los sacerdotes, los ancianos y la Junta Suprema no querían dar a Jesús un juicio justo sino que ya habían resuelto matarlo incluso antes de interrogarlo? ¿Por qué el juicio de Jesús *debía* ser injusto?
2. ¿Con qué palabras le preguntó Caifás a Jesús si él era el Mesías prometido? ¿Qué respondió Jesús?
3. De lo que aprendiste de la vida de Jesús, prueba con cinco o seis oraciones que Jesús era el Cristo, el hijo de Dios.
4. ¿Por qué Caifás no le creyó a Jesús cuando éste dijo: "Tú lo has dicho."?
5. ¿Cuál era el pecado de blasfemia del cual culpaban a Jesús? ¿Era culpable?
6. Si Jesús hubiese utilizado su poder todopoderoso, explica cómo podría haber hecho lo siguiente:
   a. Liberarse de las sogas que le ataban
   b. Escapar de aquellos que lo llevaron ante Caifás
   c. Probar a la Junta Suprema que él era el hijo de Dios
   d. Evitar que los guardianes le escupieran y lo golpearan.

Trabajando con la palabra de Dios

Responde cada pregunta en las líneas en blanco.

1. ¿Quién era Caifás?

   ____

2. ¿Quiénes estaban reunidos con Caifás?

   ____

3. ¿Qué cosas le preguntó el sumo sacerdote a Jesús?

   ____

4. ¿Quién le dio una bofetada a Jesús?

   ____

5. ¿Por qué la Junta Suprema buscaba evidencia contra Jesús?

   ____

6. ¿Qué le pidió Caifás a Jesús que le dijera en nombre del Dios viviente?

   ____

7. ¿Qué dijo el sumo sacerdote de la respuesta de Jesús a esta pregunta?

   ____

8. ¿Con qué palabras condenaron a Jesús todos los hombres de la Junta Suprema?

   ____

9. ¿Con qué palabras se burlaron de Jesús los soldados después de vendarle los ojos?

   ____

JESÚS ANTE LA JUNTA SUPREMA MATEO 26; JUAN 18

Subraya la respuesta correcta de cada pregunta.

1. ¿Ante quién llevaron a Jesús los que lo arrestaron? (Pedro - Poncio Pilato - Caifás - Nicodemo)

2. ¿Respecto a qué le preguntó el sumo sacerdote a Jesús? (manos y pies - discípulos y enseñanza - madre y hermanos)

3. ¿A quién había hablado abiertamente Jesús? (el mundo - solamente a creyentes - a todos excepto a los judíos)

4. ¿Quién abofeteó a Jesús? (sumo sacerdote - criado del sumo sacerdote - guardián - Anás)

5. ¿Por qué buscaba testigos falsos la Junta Suprema? (para encerrar a Jesús en una celda - para lastimar a los discípulos de Jesús - para matar a Jesús)

6. ¿Quién ordenó a Jesús a decir la verdad? (un oficial romano - los jefes de los sacerdotes - Anás - Poncio Pilato)

7. ¿Juró alguna vez Jesús? (no - sí - la Biblia no dice - todos los días)

8. ¿Cómo contestó Jesús a Caifás cuando éste le preguntó si Jesús era el hijo de Dios? (no contestó - dijo: "Tú lo has dicho" - dijo: "Pregunta a los demás")

9. ¿Por qué fue condenado a muerte Jesús por la Junta Suprema? (no obedeció a César - se llamaba a sí mismo Cristo - no contestaba)

10. ¿Cómo hablaron de Jesús los hombres que lo arrestaron? (muy bien - dijeron sólo cosas buenas de él - se burlaron - amablemente)

86 PEDRO NIEGA CONOCER A JESÚS. LA MUERTE DE JUDAS MATEO 26-27; LUCAS 22

Reflexionando sobre la palabra de Dios

1. Negar significa que una persona no quiere admitir o confesar algo. ¿Qué negó Pedro primero? ¿Por qué era eso un pecado?
2. Negar a una persona significa no reconocerla o no querer conocerla. ¿Con qué palabras negó Pedro a Jesús? ¿Por qué era eso un pecado?
3. ¿Cuál fue la tercer negación? ¿Qué pecados agregó Pedro al de la negación?
4. ¿Cómo llamó Jesús a Pedro al arrepentimiento? ¿Qué palabras muestran el gran dolor de Pedro por su pecado?
5. ¿Qué palabras cuentan el dolor que sufrió Judas cuando vio que Jesús era condenado?
6. ¿Qué le dijeron los sacerdotes a Judas?
7. ¿Cómo permitió Judas que la falta de fe le robara la vida?

Trabajando con la palabra de Dios

Completa correctamente los espacios en blanco.

1. Pedro siguió a Jesús a la _____ del sumo sacerdote.
2. Pedro estaba entre los criados y guardianes para ver el _________ .
3. La ____________ que cuidaba la puerta dijo que Pedro era un discípulo.
4. Pedro ______ que él no era un discípulo.
5. Pedro negó _______ veces a Jesús.
6. El Señor se volvió y _______ a Pedro.
7. Judas se arrepintió y devolvió las _______ monedas de plata a los jefes de los sacerdotes.
8. Judas dijo que entregó a la muerte a un hombre _________ .
9. Finalmente, Judas fue y se _________ .

Subraya la respuesta correcta de cada pregunta.

1. ¿A qué lugar había seguido Pedro a Jesús? (Galilea - al templo - al palacio de Herodes - a la casa del sumo sacerdote)
2. ¿Cuál era la función de la muchacha que dijo que Pedro era un discípulo de Jesús? (prender el fuego - servir a los soldados - cuidar la puerta - servir la comida)
3. ¿Cuántas veces negó Pedro conocer a Jesús? (una vez - dos veces - tres veces)
4. ¿Cómo se podía saber que Pedro era de Galilea? (por su ropa - por su acento - por su cara - por su edad)
5. ¿Qué pecado sumó Pedro la tercer vez que negó a Cristo? (adulterio - codicia - maldecir y jurar - suicidio)
6. ¿Cómo se acordó Pedro de la advertencia de Jesús? (Por una palabra - por una mirada - por una muchacha - por una espada)
7. ¿Cómo mostró Pedro su arrepentimiento? (lloró - fue a ver a los sacerdotes - dejó a Jesús - se fue a la casa)
8. ¿Cómo mostró Judas dolor por su pecado? (lloró - fue a ver a Jesús - devolvió las monedas - compró un campo)
9. ¿Con qué pecado terminaron todos los pecados de Judas? (adulterio - codicia - maldición - suicidio - juramento)

JESÚS ANTE PILATO
MATEO 27; JUAN 18

87

Reflexionando sobre la palabra de Dios

1. ¿De qué cargo acusó la Junta Suprema a Jesús para hacerlo culpable de muerte? Sabiendo que Poncio Pilato no ordenaría matar a Jesús por ese motivo, ¿cómo dejaron las personas que su odio hacia Jesús cambiara ese cargo? ¿Por qué era este un cargo serio ante el gobernador romano?
2. ¿Mediante qué palabras despertó Jesús la curiosidad en Pilato?
   ¿Cómo respondió Jesús la pregunta de si era un rey?
3. ¿Con qué palabras le dijo Jesús a Pilato por qué vino al mundo?
4. ¿Con qué palabras Pilato declara inocente a Jesús? ¿Cómo, al mismo tiempo, trató a Jesús como quien merece castigo? ¿Era justo esto? ¿Por qué?
5. ¿Cómo mostró la gente que querían que Jesús muera?
6. ¿Qué trato injusto permitió Pilato que sus soldados le den a Jesús a pesar de que él sabía que Jesús era inocente?
7. ¿Cómo mostraron los jefes de los sacerdotes y los guardianes sólo un odio profundo hacia Jesús?
8. Si Pilato declaró a Jesús inocente, ¿por qué no lo dejó en libertad? ¿Cómo intentó "lavarse las manos" de la sangre de Jesús? ¿Quién pidió que el castigo por los hechos malvados de ese día cayera sobre ellos? En realidad, ¿quién pagó por los pecados de Pilato y los acusadores de Jesús?

Trabajando con la palabra de Dios

Responde cada pregunta con Sí o No.

1. ¿Entregó la Junta Suprema a Jesús a Caifás, el gobernador?
2. ¿La Junta Suprema declaró a Jesús culpable porque él había destruido la nación?
3. ¿Le preguntó Pilato a Jesús: "Eres tú el Rey de los judíos"?
4. ¿Dijo Pilato: "Encontré muchas faltas en este hombre"?
5. ¿Quería Pilato dejar en libertad a Jesús?
6. ¿Querían los sacerdotes, gobernadores y la gente soltar a Jesús?
7. ¿Ordenó Pilato que azotaran a Jesús?
8. ¿Quería la gente que Pilato crucificara a Jesús?

Subraya la palabra que completa correctamente cada oración.

1. Pilato era el (sumo sacerdote - gobernador - rey).
2. La gente acusó a Jesús de llamarse a sí mismo (César - Dios - rey - gobernador).
3. Pilato le preguntó a Jesús si era (Dios - rey - cristiano - romano).
4. Jesús (era - no era) rey.
5. Pilato descubrió pronto que Jesús (era culpable - era verdadero Dios - era inocente - era el Salvador del mundo).
6. La corona que usó Jesús estaba hecha de (espinas - oro - púrpura - caña).
7. Cuando Pilato presentó a Jesús dijo: ("¡Crucifícalo!" - "¡Azótenlo!" - "¡Ahí tienen a este hombre!" - "¡Castíguenlo!")
8. Pilato lavó sus manos para mostrar que (Jesús era inocente - que él era inocente - los judíos eran inocentes).
9. Por último, Pilato dijo que Jesús debía ser (puesto en prisión - crucificado - puesto en libertad - enviado a Roma).

88

JESÚS ES CRUCIFICADO
LUCAS 23; JUAN 19

Reflexionando sobre la palabra de Dios

1. ¿Cómo llevaron a cabo los soldados el deseo de los líderes judíos por orden del gobernador?

2. ¿Con qué oración pidió Jesús perdón por aquellos que lo llevaron a la muerte? ¿En qué forma esa oración también te incluye a ti?

3. ¿Cómo sabemos que aún en su gran agonía Jesús pensó en el bienestar de su madre? ¿Quién debía ocuparse de ella a partir de ahora?

4. ¿Qué oración a Jesús muestra que uno de los criminales se arrepintió en su hora de muerte? ¿Qué promesa cierta le hizo Jesús?

5. ¿Qué gritó Jesús con fuerza? ¿Qué palabras muestran que éste pudo haber sido el momento de mayor sufrimiento? ¿Por los pecados de quién lo abandonó Dios?

Trabajando con la palabra de Dios

Completa los espacios en blanco.

1. Jesús cargó su propia _________ cuando fue a que lo crucificaran.

2. Fue hasta un lugar llamado _______________ .

3. Dos _______________ fueron crucificados junto a Jesús.

4. Un criminal dijo: "¡Si tú eres el _________ , sálvate a ti mismo y sálvanos también a nosotros!"

5. Toda la tierra quedó en oscuridad al ______________ .

Encierra en un círculo Sí o No.

1. Un soldado cargó el cuerpo de Jesús. Sí No

2. La madre de Jesús estaba presente cuando él estaba en la cruz. Sí No

3. Jesús le pidió a Dios que se vengara de sus enemigos. Sí No

4. Dos criminales fueron crucificados con Jesús. Sí No

5. La oscuridad sobre la tierra comenzó a la mañana. Sí No

6. Jesús le pidió a Pedro que se ocupara de su madre, María. Sí No

MUERTE Y SEPULTURA DE JESÚS
MATEO 27; JUAN 19

89

Reflexionando sobre la palabra de Dios

1. ¿Qué le dieron de tomar a Jesús?
2. ¿Qué dijo Jesús después de tomar?
3. ¿Qué dijo Jesús antes de morir?
4. ¿Por qué no le quebraron las piernas de Jesús? Ver Números 9.12.
5. ¿Cómo se cumplió una profecía del Antiguo Testamento al atravesar el costado de Jesús con una lanza? Ver Zacarías 12.10
6. ¿Cómo mostró un miembro del concilio honor al cuerpo de Jesús? ¿Cómo otro hombre mostró abiertamente su amor por Jesús?
7. ¿Cómo demostraba el simple hecho de que estaban ungiendo a Jesús que estos amigos no habían entendido lo que Jesús dijo en Lucas 18.31-34?
8. Luego de enterrar su cuerpo, ¿cómo aseguraron su sepulcro los amigos de Jesús? ¿Cómo usó Dios los enemigos de Jesús para asegurar aún más el sepulcro?
9. Los jefes de los sacerdotes y los fariseos no creían que Jesús iba a resucitar. ¿Por qué entonces querían guardias frente al sepulcro?

Trabajando con la palabra de Dios

Responde correctamente las preguntas.

1. ¿Por qué querían los líderes judíos que se quebraran las piernas de los que eran crucificados?
2. ¿Por qué no le quebraron las piernas de Jesús?
3. ¿Cómo se aseguraron los soldados de que Jesús estaba muerto?
4. ¿Quién pidió el cuerpo de Jesús?
5. ¿Cómo mostró Nicodemo su amor por Jesús?
6. ¿Qué mujer vio dónde colocaron a Jesús?
7. ¿Qué hizo la mujer el día de reposo?
8. ¿Quiénes se encontraron con Pilato al día siguiente?
9. ¿Por qué querían los líderes judíos que el sepulcro de Jesús estuviera asegurado?
10. ¿De qué manera aseguraron aún más los enemigos de Jesús su sepulcro?

Escribe una V si la oración es verdadera; una F si es falsa.

1. ____ Nicodemo pidió que se quebraran las piernas de los hombres crucificados.
2. ____ Los soldados quebraron las piernas de los dos criminales.
3. ____ Las piernas de Jesús fueron atravesadas con una lanza.
4. ____ José de Arimatea era un seguidor de Jesús.
5. ____ Nicodemo trajo una mezcla de mirra y áloe.
6. ____ Los 11 discípulos de Jesús le enterraron.
7. ____ Los amigos de Jesús descansaron el día de reposo.
8. ____ Los enemigos de Jesús sabían que había dicho: "Al tercer día resucitaré".
9. ____ Pilato les dio una guardia a los discípulos.
10. ____ Los discípulos de Jesús sellaron la roca.

90 LA RESURRECCIÓN DE CRISTO
MATEO 28; MARCOS 16; JUAN 20

Reflexionando sobre la palabra de Dios

1. ¿Qué día había muerto Jesús? ¿Durante qué día entero estuvo muerto? ¿Cómo sabes que ahora era el tercer día?
2. ¿Por qué fueron las mujeres al sepulcro? ¿Qué pregunta hicieron en el camino?
3. ¿Quién ya había movido la piedra? ¿Quiénes se alarmaron cuando lo vieron?
4. ¿Hacia quién corrió María Magdalena cuando vio que la piedra estaba corrida? ¿Qué pensó ella?
5. ¿Con qué mensaje glorioso explicó el ángel el sepulcro vacío?
6. ¿A quién debían contar las mujeres la feliz noticia en primer lugar? ¿Quién fue nombrado especialmente?
7. ¿Dónde verían los discípulos a Jesús con sus propios ojos?
8. Lee el mensaje del ángel en su totalidad. Nota cuántas cosas dijo en tan pocas palabras. ¿Cuáles son éstas? ¿Cuál es la más importante para ti?

Trabajando con la palabra de Dios

Responde cada pregunta con una palabra.

1. ¿Quién era la madre de Santiago?
2. ¿Qué día de la semana llegaron las mujeres al sepulcro?
3. ¿Quién movió la piedra para las mujeres?
4. ¿Quiénes temblaron de miedo y quedaron como muertos?
5. ¿Quién dijo: "¡Se han llevado del sepulcro al Señor!"
6. ¿Quién era el discípulo a quien Jesús amaba?
7. ¿Quién dijo: "Ha resucitado; no está aquí"?
8. ¿Quiénes entraron al sepulcro y vieron a un joven?
9. ¿Dónde se presentó Jesús ante Pedro y los discípulos?

Responde correctamente cada pregunta encerrando en un círculo Sí o No.

1. ¿Las mujeres fueron al sepulcro el día de reposo? Sí No
2. ¿Es el domingo el primer día de la semana? Sí No
3. ¿Movió el ángel la piedra para dejar salir a Jesús? Sí No
4. ¿Les dijo Salomé a Pedro y Juan que el sepulcro estaba vacío? Sí No
5. ¿Entraron todas las mujeres al sepulcro de Jesús? Sí No
6. ¿Había un ángel en el sepulcro? Sí No
7. ¿Resucitó Jesús el domingo? Sí No
8. ¿Robaron los discípulos el cuerpo de Jesús? Sí No
9. ¿Estuvo Jesús en el sepulcro por tres días? Sí No
10. ¿Venció Jesús a la muerte por nosotros? Sí No

LAS PRIMERAS APARICIONES DEL SEÑOR RESUCITADO MATEO 28; JUAN 20

91

Reflexionando sobre la palabra de Dios

1. ¿Quiénes fueron las primeras personas en ver al Señor resucitado?
2. ¿Por qué María no reconoció a Jesús al principio? ¿Qué dijo ella cuando Jesús mencionó su nombre?
3. ¿Qué mensaje le dijo Jesús que transmitiera a los discípulos?
4. ¿Cómo llamó Jesús a los discípulos? ¿Qué nos dice esto de su amor por ellos, a pesar de que tres días antes lo habían abandonado?
5. ¿Cómo muestran las palabras "vayan" y "digan" que Jesús pensaba en otras personas que tenían miedo y necesitaban consuelo?

Trabajando con la palabra de Dios

Cada oración que sigue tiene un error. Tacha la palabra errónea y escribe la palabra correcta en su lugar.

1. María estaba cerca del sepulcro, durmiendo.

   ____

2. Pedro le preguntó a quién estaba buscando.

   ____

3. María pensó que Jesús era un ángel.

   ____

4. Rabuni significa "Mesías".

   ____

5. María Magdalena les dijo a las mujeres que había visto al Señor.

   ____

6. Jesús se encontró con las mujeres y les dijo: "Toda la gloria".

   ____

7. Ellas abrazaron los pies de Jesús y lo besaron.

   ____

8. Los soldados de la guardia les dijeron a los jefes de los oficiales todo lo que había pasado.

   ____

9. Se les pagó a los soldados para que dijeran: "Los enemigos de Jesús vinieron durante la noche y se robaron el cuerpo."

   ____

Subraya la palabra que completa correctamente cada oración.

1. La mujer que visitó el sepulcro de Jesús era (Marta - la madre de Jesús - María Magdalena).
2. Ella pensó que Jesús era (un soldado - un consejero - el que cuidaba el huerto - un ministro).
3. Jesús le dijo: ("¡Bienvenida!" - "Rabuni" - "¡María!" - "No llores").
4. María le dijo a Jesús: ("¡Bienvenido!" - "Rabuni" - "¡María!" - "No llores").
5. María Magdalena le dijo a (la madre de Jesús - los discípulos - las mujeres - los jefes de los sacerdotes) que había visto a Jesús.
6. Las mujeres abrazaron los (pies - manos - brazos - costado) de Jesús.
7. Los (discípulos - soldados - mujeres - fariseos) contaron a los jefes de los sacerdotes lo que había sucedido junto al sepulcro.
8. Los soldados recibieron (promesas - castigo - dinero) para mentir.

92 JESÚS SE APARECE A SUS DISCÍPULOS MATEO 28; LUCAS 24; JUAN 20

Reflexionando sobre la palabra de Dios

1. ¿Cuándo se les apareció Jesús a sus discípulos? ¿Cuál fue la reacción de ellos?

2. ¿Con qué palabras saludó Jesús a los discípulos?

3. ¿Cómo convenció Jesús ahora a los discípulos incrédulos de que él era verdaderamente el mismo Jesús que estuvo con ellos antes de su muerte? Lee las palabras que muestran que ahora los discípulos creían.

4. ¿Mediante qué señal les mostró Jesús que ahora les daría el Espíritu Santo? ¿Qué poder importante les dio?

5. ¿Con qué palabras les recordó Jesús que él ya no era más el siervo humilde sino el Señor exaltado de los cielos y la tierra?

6. Como el Señor resucitado que viviría para siempre, Jesús les dio a sus siervos un último encargo. ¿Cuáles son las palabras de esta importante comisión?

7. De la gran comisión, escribe las palabras que nos dicen:

   a. que el que da el encargo es el Señor de cielos y tierra;
   b. que los discípulos debían ir a los demás en lugar de esperar que los demás vinieran a ellos;
   c. quién debía ir;
   d. qué debían hacer;
   e. a quién debían enseñar y bautizar;
   f. en nombre de quién debían bautizar;
   g. qué debían enseñar;
   h. que se les debe enseñar a las personas a cumplir o hacer lo que Cristo ordenó.

JESÚS SE APARECE A SUS DISCÍPULOS
MATEO 28; LUCAS 24; JUAN 20

92

Trabajando con la palabra de Dios

Completa los espacios en blanco.

1. Las puertas estaban cerradas por miedo a las ______________ .

2. Cuando Jesús se les apareció, los discípulos pensaron que veían un ______________ .

3. Jesús les preguntó: "¿Por qué están ______________ ?"

4. Él les _______ sus manos y sus pies.

5. Los ____________ sintieron gran alegría cuando vieron al Señor.

6. Jesús _____ sobre los discípulos.

7. Entonces, los 11 _______________ fueron a Galilea.

8. Allí le adoraron; pero algunos ______________ .

9. Jesús dijo: "Vayan a las gentes de todas las _________ y háganlas mis discípulos."

10. Jesús dijo: "Yo estaré con ustedes ____________ ."

Completa los espacios en blanco con las palabras de abajo.

1. Jesús visitó a los discípulos el _________ día de la semana.
2. Jesús estuvo en medio de ellos y dijo: "¡ _____ a ustedes!"
3. Los discípulos pensaron que estaban viendo un __________ .
4. Jesús dijo: "Un espíritu no tiene __________ ."
5. Jesús les mostró a sus discípulos sus manos y sus _________ .
6. Jesús dijo: "Si ustedes perdonan a alguien sus _____________ , les quedarán perdonados."
7. Entonces los ________ discípulos fueron a Galilea.
8. Cuando los discípulos vieron al Señor, le _______________ .
9. Jesús dijo: "Vayan y hagan discípulos en todas las ____________ ."

primero	paz
espíritu	pecados
cuerpo y sangre	pies
primer	once
carne y huesos	doce
adoraron	naciones

93 LA ASCENSIÓN
HECHOS 1

Reflexionando sobre la palabra de Dios

1. ¿Por qué se mostró Jesús en la tierra después de haber probado su poder sobre la muerte y el diablo?
2. ¿En qué palabras promete Jesús un regalo especial a sus discípulos? ¿Dónde debían permanecer ellos hasta recibirlo? ¿Qué palabras dicen cuál sería ese regalo?
3. ¿Adónde llevó Jesús a sus discípulos luego de haber hablado con ellos? ¿Por qué levantó sus manos?
4. ¿De qué manera Jesús no iba a estar más con sus discípulos? ¿De qué manera estaría con ellos siempre?
5. ¿Cómo anunciaron los mensajeros de Dios que Jesús regresará nuevamente?
6. ¿Cómo sabes que los discípulos entendieron las palabras de los ángeles?

Trabajando con la palabra de Dios

Responde cada pregunta con Sí o No.

1. ¿Es absolutamente verídica la resurrección de Jesús?
2. ¿Estuvo Jesús entre los discípulos por 50 días "luego de sus sufrimientos"?
3. ¿Dijo Jesús: "Esperen a que se cumpla la promesa que les hizo mi Padre"?
4. ¿Juan bautizó con agua?
5. ¿Les pidió Jesús a sus discípulos que se quedaran en Betania?
6. ¿Fueron a Betania Jesús y sus discípulos?
7. ¿Bendijo Jesús a sus discípulos antes de dejarlos?
8. ¿Aparecieron dos hombres junto a los discípulos mientras Jesús ascendía?
9. ¿Regresará Jesús de la misma manera en qué ascendió?
10. ¿Adoraron los discípulos a los ángeles antes de regresar?

Tacha las oraciones que no son verdad. Escríbelas correctamente.

1. Jesús vivió sobre la tierra por 40 años luego de su resurrección.
2. Los discípulos debían irse de Jerusalén y comenzar a predicar inmediatamente.
3. Jesús ascendió a los cielos en Betania.
4. Doce discípulos vieron ascender a Jesús.
5. Un ángel apareció junto a los discípulos mientras Jesús ascendía.
6. Jesús bendijo a sus discípulos antes de dejarlos.
7. Jesús está sentado ahora a la mano derecha de Dios.
8. Veremos a Jesús un día.
9. Los discípulos estaban tristes cuando volvieron a Jerusalén.

EL ESPÍRITU SANTO VIENE EN PENTECOSTÉS HECHOS 2

Reflexionando sobre la palabra de Dios

1. ¿Mediante qué señal entró el Espíritu Santo al cuarto donde estaban reunidos los discípulos? ¿Cómo sabes que el Espíritu entró en los discípulos?
2. ¿Mediante qué milagro demostraron los discípulos que estaban llenos del Espíritu Santo? ¿Qué palabras dicen que el Espíritu Santo les dijo lo que debían decir?
3. ¿Qué palabras de las personas nos dan una idea sobre qué predicaron los discípulos?
4. ¿Qué dijeron algunos de la multitud acerca de este milagro de Pentecostés? ¿Por qué?
5. Cuenta cómo comenzó Pedro su trabajo de "pescar hombres" cual Jesús lo había predicho en Mateo 4.18-19.
6. Lee las palabras de Pedro. Según Pedro, ¿qué probaron los milagros de Jesús, su sufrimiento y muerte acerca de sí mismo? ¿Por qué podía estar Pedro tan seguro del poder de Jesús para hacer milagros, de su muerte y de su resurrección?
7. ¿Cómo sabes que ahora Pedro estaba lleno del Espíritu Santo?
8. ¿Qué palabras muestran que la gente estaba arrepentida de lo que había hecho? ¿Cómo les dijo Pedro que podían obtener el perdón de todos sus pecados? ¿De qué manera bendijo el Señor las palabras de Pedro?

Escribe de quién son verdad las siguientes afirmaciones.

1. Estaban todos juntos en un lugar.
2. Les dio a los discípulos el poder de hablar en otras lenguas.
3. Gente devota de todas las naciones bajo el cielo estaban allí.
4. Estaban todos sorprendidos y asombrados.
5. Dijeron: "¡Es que están borrachos!"
6. Dijo: "Escuchen, israelitas, lo que voy a decir."
7. Dios demostró su autoridad por medio de grandes milagros.
8. Les dijo a las personas que se arrepintieran y fueran bautizadas.
9. Las personas deben arrepentirse y ser bautizadas en su nombre.

Subraya las palabras que completan correctamente cada oración.

1. Los discípulos comenzaron a hablar en otras (voces - fuegos - lenguas).
2. Todos quedaron llenos del (Espíritu Santo - Hijo - Padre).
3. (Santiago - Pedro - Israel - Juan) predicó a la multitud.
4. Dios demostró la autoridad de Jesús mediante (los judíos - todos - milagros).
5. (Pedro - El Espíritu Santo - Un discípulo) llenó los corazones de las personas para que se arrepintieran.
6. Unas (30.000 - 300.000 - 3.000 - 300) personas se agregaron a los creyentes ese día.

95 UN COJO ES SANADO
HECHOS 3

Reflexionando sobre la palabra de Dios

1. ¿Por qué estaba el hombre cojo a la entrada del templo? ¿Por qué era el templo el mejor lugar al cual podían ser traídas las personas si necesitaban la compasión de otros?
2. ¿Qué esperaba el hombre cojo de Pedro y Juan?
3. ¿Qué recibió el hombre cojo que era mejor que plata y oro?
4. ¿Cómo mostró el hombre su gratitud por lo que había recibido?
5. ¿En qué palabras puedes encontrar el motivo de hacer este milagro en el momento y lugar en que fue hecho?
6. ¿Cómo aprovechó Pedro esta oportunidad de predicar a estas personas acerca del arrepentimiento?
7. ¿A quién daban gloria Pedro y Juan por los milagros? ¿En qué palabras le explicó Pedro a la gente lo que había hecho? ¿Cómo ofreció a todos el amor y el perdón de Jesús? ¿Quiénes fueron los que recibieron el perdón?

Trabajando con la palabra de Dios

Responde cada pregunta con una palabra.

1. ¿Quién fue al templo con Juan?
2. ¿A qué hora fue sanado el hombre cojo?
3. ¿Quién tomó al hombre cojo de la mano y lo ayudó a levantarse?
4. ¿A quién alabó el hombre cojo?
5. ¿Quiénes vieron andar al hombre cojo?
6. ¿Quién habló a las personas?

Subraya las palabras que completan correctamente cada oración.

1. El discípulo que acompañaba a Pedro se llamaba (Andrés - Juan - Santiago - Felipe).
2. El hombre cojo esperaba (ropa - alimento - cura - dinero).
3. Las personas que más fácilmente ayuden a un mendigo son los (ricos - cojos - no creyentes - cristianos).
4. Pedro y Juan le dieron al hombre (plata y oro - un buen hogar - la cura - su juventud) en nombre de Jesús.
5. Pedro lo tomó de (la mano izquierda - la mano derecha - ambas manos) y lo ayudó a levantarse.
6. (En ese mismo momento - Al día siguiente - Inmediatamente - Al poco tiempo) el hombre pudo caminar nuevamente.
7. El hombre fue sanado por el poder de (Pedro - Juan - Dios - Pedro y Juan).
8. El primer lugar al que fue el hombre sanado era (a ver a su esposa - a Jesús - a casa - al templo).
9. La gente que vio este milagro creyó en Cristo por (el milagro - el hombre cojo - la palabra de Dios - la multitud).
10. Después del sermón de Pedro el número de creyentes ascendió a (3.000 - 4.000 - 5.000 - 10.000).

ESTEBAN
HECHOS 6-7

96

Reflexionando sobre la palabra de Dios

1. Según Hechos 6.1-5, ¿cuál era el trabajo de Esteban?
2. ¿Qué palabras nos dicen por qué Esteban podía hacer milagros?
3. ¿Quiénes alborotaron al pueblo contra Esteban? ¿De qué lo acusaron?
4. Lee la respuesta de Esteban a las acusaciones en su contra. ¿Cómo habían sido tercos los antepasados de los judíos ? ¿Quién fue el justo que fue traicionado y asesinado?
5. ¿Qué palabras de la lección muestran que las palabras de Esteban molestaron a los acusadores?
6. ¿Por qué Esteban podía ver lo que había en el cielo? ¿A quién podía ver allí?
7. ¿Cómo mataron los falsos testigos a Esteban por haber dicho la verdad por causa de Jesús? ¿Con qué oración sencilla entregó Esteban su alma en las manos de su Señor? ¿Cómo demostró la última oración de Esteban a sus enemigos que él tenía un verdadero interés por la salvación de sus almas?
8. ¿Quién estuvo especialmente satisfecho con la muerte de Esteban?

Trabajando con la palabra de Dios

Completa los espacios en blanco.

1. Esteban hacía grandes ____________ entre la gente.
2. Algunos miembros de la sinagoga de __________ discutieron con Esteban.
3. Estas personas ________________ falsamente contra Esteban.
4. Ellos dijeron que Esteban no dejaba de __________ contra el templo.
5. Las autoridades vieron que la cara de Esteban era como la de un _______ .
6. Esteban dijo que el pueblo había matado al _________ .
7. Los hombres se ____________ y rechinaron sus dientes contra él.
8. Ellos se lanzaron contra él y lo ___________ de la ciudad.
9. Entonces ____________ a Esteban.

Escribe una V o F en el espacio en blanco.

1. _____ Esteban era un hombre lleno de la gracia y el poder de Dios.
2. _____ Esteban hacía grandes maravillas entre la gente.
3. _____ Les resultaba fácil a aquellos que discutían con Esteban refutar lo que enseñaba.
4. _____ Los hombres que atestiguaron contra Esteban eran hombres honestos.
5. _____ Cuando Esteban habló con las autoridades su cara brillaba como el sol.
6. _____ Un joven llamado Saulo intentó salvar a Esteban del ataque de la multitud.
7. _____ Cuando Esteban estaba muriendo pidió a Dios que se vengara de sus asesinos.

97 FELIPE Y EL ETIOPE
HECHOS 8

Reflexionando sobre la palabra de Dios

1. ¿Adónde le dijo el ángel a Felipe que vaya?

2. ¿Con quién se encontró Felipe en el camino?

3. ¿Qué estaba haciendo el hombre?

4. ¿Qué le dijo el Espíritu a Felipe que hiciera?

5. ¿Qué le preguntó Felipe al hombre?

6. ¿Qué hizo Felipe con agua?

7. ¿Qué le pasó a Felipe?

8. ¿Qué hizo el hombre?

Trabajando con la palabra de Dios

Completa los espacios en blanco con palabras de la historia.

1. Un ángel del Señor habló con __________ .

2. Él se fue hacia el sur, por el camino que une Jerusalén con _______ .

3. De camino se encontró con un ___________ de Etiopía.

4. El etiope había ido a ____________ para adorar.

5. El etiope estaba leyendo el libro del profeta _________ .

6. Le pidió a ____________ que se sentara junto a él.

7. Felipe le contó al etiope la buena noticia acerca de _________ .

8. Felipe __________ al etiope con agua.

9. El __________ del Señor llevó a Felipe a otro lugar.

10. El etiope siguió su camino _____________ .

Ordena estos eventos de 1-7.

- Felipe bautizó al etiope.
- El etiope estaba en el carro leyendo.
- Felipe se sentó con el hombre.
- Felipe se encontró con un etiope en el camino.
- Felipe desapareció.
- El etiope se fue lleno de alegría.
- Felipe le explicó las buenas noticias acerca de Jesús.

LA CONVERSIÓN DE SAULO
HECHOS 9

98

Reflexionando sobre la palabra de Dios

1. ¿Cómo intentó Saulo deshacerse de aquellos que creían en la doctrina de Cristo y la enseñaban a otros?
2. ¿Qué le pasó a Saulo en el camino a Damasco?
3. ¿De quién era la voz que habló con Saulo? ¿Qué dijo?
4. ¿Por qué dijo Jesús que cuando Saulo perseguía a los discípulos lo estaba persiguiendo a él?
5. ¿Qué palabras muestran que el corazón de Saulo cambió en favor de Jesús?
6. ¿Con qué palabras aseguró Ananías a Saulo que sus pecados fueron perdonados? ¿Cómo demostró Saulo que él aceptó al Señor Jesús como su Salvador?
7. ¿Cómo demostró Saulo ahora amor en lugar de odio hacia los discípulos? ¿El nombre de quién predicaba en lugar de hablar mal de él? ¿Qué testificó Saulo acerca de Jesús?

Trabajando con la palabra de Dios

¿De quién son verdad las siguientes afirmaciones?

1. Amenazaba de muerte a los discípulos.
2. Le dio cartas de autorización a Saulo para ir a Damasco.
3. Dijo: "Saulo, Saulo, ¿por qué me persigues?"
4. Dijo: "¿Quién eres, Señor?"
5. Era de Tarso.
6. Vivía en Damasco.
7. Visitó a Saulo por orden del Señor.
8. Recuperó su vista y fue bautizado en Damasco.
9. Vigilaban las puertas de Damasco día y noche.
10. Bajaron a Saulo en un gran canasto por una abertura de la muralla que rodeaba la ciudad.

Subraya la palabra que completa correctamente cada oración.

1. ¿Adónde quería ir Saulo para perseguir creyentes en el Señor? (Samaria - Tarso - Jerusalén - Damasco - Capernaum)
2. ¿Qué pensaba hacer con los cristianos que encontrara? (matarlos - colgarlos - enviarlos a casa - llevarlos a Jerusalén)
3. ¿Quién habló con Saulo cuando cayó al suelo? (los soldados - Jesús - Ananías - el sumo sacerdote)
4. ¿Qué le pasó a Saulo cuando se levantó? (estaba ciego - estaba solo - era de noche - cerró sus ojos)
5. ¿Cuál era el nombre del creyente que vivía en Damasco? (Judas - Pedro - Ananías - Tarso - Juan - Andrés)
6. ¿En la casa de quién se quedó Saulo? (de Judas - de Pedro - de Ananías - de Tarso - de Juan - de Andrés)
7. ¿A quién debía llevar Saulo la buena noticia de Jesús? (pobres - samaritanos - gentiles - discípulos)
8. Cuando el creyente habló con Saulo, ¿cómo lo llamó? (tú, pecador - pobre pecador - Pablo - hermano Saulo - señor)
9. ¿Cuánto tiempo estuvo Saulo en Damasco? (3 semanas - varios días - 3 días - muchos años)
10. ¿En nombre de quién habló Saulo cuando regresó a Jerusalén? (de los discípulos - de Ananías - del sumo sacerdote - del Señor)

99 DIOS LIBRA DE LA CÁRCEL A PEDRO
HECHOS 12

Reflexionando sobre la palabra de Dios

1. ¿Por qué el rey Herodes arrestaba cristianos?

2. ¿Quién fue puesto en prisión?

3. ¿Cuántos soldados vigilaban al prisionero?

4. ¿Quién se apareció en la celda?

5. ¿Qué pasó con las cadenas de Pedro?

6. ¿Adónde fue Pedro?

7. ¿Quién contestó la puerta en casa de María?

8. ¿Creyó la gente que Pedro estaba a la puerta?

9. ¿Qué le dijo Pedro a la gente?

Trabajando con la palabra de Dios

Completa los espacios en blanco con las palabras de abajo.

El rey ____________ arrestó a algunos que pertenecían a la iglesia. Encarceló a ____________. Los miembros de la _______ oraban por Pedro. Una noche un _______ apareció en la cárcel donde estaba Pedro. Las cadenas se cayeron de las __________ de Pedro. Pedro siguió al ________ fuera de prisión. Luego fue a la casa _________ . La gente no creyó que era ________ . describió cómo el Señor lo había sacado de la cárcel.

iglesia	de Marta	asombrado
manos	ángel	piernas
de María	pascua	Pedro
Herodes		

Responde cada pregunta.

1. ¿Quién era rey?

____

2. ¿Por qué el rey arrestaba creyentes?

____

3.¿Dónde fue puesto Pedro?

____

4. ¿Cuántos soldados custodiaban a Pedro?

____

5. ¿Cuándo pensaba Herodes presentar a Pedro ante el pueblo?

____

6. ¿Qué le dijo el ángel a Pedro que hiciera?

____

7. ¿Qué creyó estar viendo Pedro?

____

8. ¿Por qué Pedro fue a la casa de María?

____

9. ¿Qué pensaban los creyentes en la casa de María que estaba mal?

____

10. ¿Qué describió Pedro?

____

EL NAUFRAGIO DE PABLO
HECHOS 27-28

100

Reflexionando sobre la palabra de Dios

1. ¿Por qué estaba Pablo en el mar?
2. ¿Cómo estaba el tiempo?
3. ¿Por qué arrojaron la carga al mar?
4. ¿Qué les dijo Pablo a los hombres hambrientos?
5. ¿Quién le dijo a Pablo que no tuviera miedo?
6. ¿Dónde decidieron llevar el barco a tierra?
7. ¿Qué iban a hacer los soldados con los prisioneros?
8. ¿Quién quiso salvar la vida de Pablo?
9. ¿Cuántas personas murieron en el naufragio?
10. ¿Cómo trataron los nativos de Malta a los prisioneros?

Trabajando con la palabra de Dios

Completa los espacios en blanco con las palabras de abajo.

1. Pablo navegaba hacia ___________ .
2. Un _______ huracanado azotaba del nordeste.
3. Tuvieron que arrojar la __________ del barco al mar.
4. En los próximos días no se dejaron ver ni el sol ni las _____________.
5. Los hombres perdieron la _______ de ser salvados.
6. Un _________ apareció a Pablo.
7. El ángel dijo que todos se ______ .
8. Un _________ ayudó salvar la vida de Pablo.
9. Los prisioneros llegaron a la isla de _____________ .
10. Los nativos los trataron _________ .

ángel	Malta	Italia
estrellas	tormenta	luna
salvarían	carga	viento
capitán	bien	esperanza

Ordena estos eventos de 1-7.

- Todos llegaron salvos a tierra.
- Los hombres perdieron la esperanza de salvarse.
- Pablo y otros prisioneros se embarcaron hacia Italia.
- El capitán de los soldados evitó que le hicieran daño a Pablo.
- El ángel estuvo con Pablo.
- Los nativos de Malta recibieron a los hombres.
- Un viento huracanado azotó al barco.